EXPLICATIONS

DU

GÉNÉRAL BENAÏAD

AUX DERNIÈRES QUESTIONS DU COMITÉ

SUR

SES RÉCLAMATIONS PERSONNELLES.

EXPLICATIONS

DU

GÉNÉRAL BENAÏAD

AUX DERNIÈRES QUESTIONS DU COMITÉ

SUR

SES RÉCLAMATIONS PERSONNELLES.

N° I. — DÉLÉGATION DU BEY A BENAIAD DE 3,118,325, 12 P.

1re Question. « Demander : 1° le détail des comptes de Benaïad auxquels renvoient les
» réponses des Tunisiens ; consulter les pages 1, 24, 27 ;

» 2° Le compte de djoumad – el – aoual 1264, entre Benaïad et le gouvernement
» tunisien ;

» 3° L'origine de la créance de 1,500,000 piastres qui devaient être échangées contre
» autant de francs par Benaïad. »

Il est utile d'abord d'exposer brièvement les diverses phases qu'a suivies cette affaire dans la
discussion.

Le général Benaïad avait compris, dans l'état général de ses réclamations, cette délégation du
Bey sur le Sabtab pour la somme ci-dessus énoncée.

Dans leur premier examen de cet état formant un écrit lithographié avec couverture verte, les
agents tunisiens répondaient en ces termes :

« Le signataire de cette note n'ayant jamais ouï parler de cette réclamation qui se produit pour
» la première fois de la part de M. Benaïad, et n'ayant conséquemment aucune connaissance de
» la délégation dont il parle, il demande à M. Benaïad de justifier du teskéré qu'il allègue, et
» d'indiquer le compte auquel il est relatif. »

Dans sa *Note réfutative,* page 30, le général Benaïad répliqua que tant d'ignorance l'étonnait ;
qu'il ne comprenait pas qu'on pût oublier si facilement une obligation contractée de plus de trois

millions de piastres, surtout quand, d'un autre côté, on fondait sur un reçu égaré et annulé une revendication de huit millions. La mémoire des agents tunisiens était donc bien fragile, puisqu'à la fois ils réclamaient huit millions qu'ils avaient reçus, et niaient 3,448,000 piastres qu'ils devaient.

Toutefois, pour venir au secours de ces souvenirs troublés, le général Benaïad joignait à sa note l'original de l'obligation contractée par le Bey, signée par lui, et accompagnée de la traduction de son teskéré.

Bientôt néanmoins les agents tunisiens se ravisèrent, et reconnurent en effet que, sous la date du 1er kada 1262, le Bey avait bien réellement signé cette obligation au général Benaïad. (*Note supplémentaire faite aux réclamations de M. Benaïad, page 5.*)

Mais ils élevèrent une autre difficulté.

Ils prétendirent que cette délégation était une avance faite au général Benaïad pour les fournitures à effectuer, et que dès lors il devait compte de cette somme sur les diverses fournitures qu'on lui avait payées ou qu'il restait à lui payer jusqu'à concurrence de la somme énoncée.

A l'appui de cette allégation, ils présentaient deux circonstances :

La première était la traduction elle-même du teskéré signé par le Bey ;

La deuxième, la mention du payement de quelques-uns des revenus destinés à couvrir cette délégation dans le compte du général Benaïad, arrêté en djoumad-el-aoual 1264.

Cette somme s'élevait à un total de 1,624,770 fr. 42 c., composé de 8 articles.

Dans son *État des questions*, page 39, le général Benaïad réfutait ces diverses objections.

Il déclarait d'abord et il prouvait qu'avec cette abdication de toute conscience dont les agents tunisiens ont depuis donné tant d'autres preuves, ils avaient tout simplement altéré et falsifié pour le besoin de leur argument le texte de l'obligation du Bey.

Voici en effet en quels termes ils avaient procédé à cette traduction :

« Nous avons ordonné à notre fils le colonel Mahmoud Benaïad de toucher de notre fils le ministre Sabtab la somme de 3,118,325 piastres 3/4 ci-dessus indiquée, que nous avons chargé notre fils Mustapha Sabtab de son recouvrement des endroits ci-dessus détaillés, et de son payement à notredit fils Mahmoud Benaïad. *La présente somme est à valoir sur les comptes qu'il a avec le gouvernement,* et nous l'avons passée sur le registre de notre palais.

» Nous avons délivré à notre fils le ministre Sabtab notre ordre écrit en conformité de tout ce qui est détaillé ci-devant. Il devra s'y conformer.

Salut de la part du serviteur de Dieu.

» Le muschir : AHMED-PACHA-BEY.

» Écrit le 1er zilcade 1262. »

Cette traduction était accommodée aussi décemment que possible au sens et à la valeur qu'on attribuait à la pièce elle-même :

« M. Benaïad réclame le solde d'une délégation de 3,118,325 piastres 3/4 qui lui fut délivrée » par S. A. le Bey sur S. E. le Sabtab lors du voyage de S. A. à Paris, *au sujet de diverses fournitures* » *dont elle chargeait M. Benaïad ;* le montant de la délégation, comme celui d'autres délégations » même, devrait entrer dans le compte général que M. Benaïad aurait à rendre de la totalité » de ses dépenses et de ses recettes. » (*Note supplémentaire, etc., page 5.*)

Cette assertion, appuyée de cette traduction, n'était pas autre chose que le dernier expédient d'une mauvaise foi résolue à nier ce qui était indéniable, et, pour détruire cette négation de fond en comble, le général Benaïad n'eut qu'à produire le texte traduit dans son exactitude et sa sincérité.

Rien n'est plus explicite ni moins susceptible d'équivoque et d'interprétation que les termes de la déclaration et de l'obligation du Bey.

« Nous avons autorisé notre fils le colonel Benaïad à recevoir 3,118,325 piastres 3/4 ci-dessus désignées, de notre cher vizir, notre fils Mustapha Sabtab, lequel est autorisé à recouvrer cette somme des lieux détaillés ci-dessus, et à la payer à Mahmoud Benaïad. *Cette somme a été portée au débit* de notre fils Mahmoud Benaïad, *à valoir sur ce qui lui est dû* dans son compte avec le gouvernement ; elle a été également passée sur le registre du palais. »

Pour donner à cette traduction, la seule vraie, tout son caractère d'authenticité, le général Benaïad l'avait soumise à la certification de M. Desgranges, premier secrétaire interprète de l'empereur, et en avait ensuite fourni au Comité la copie certifiée.

Il n'est pas besoin de faire ressortir la gravité et le calcul des altérations introduites dans la traduction tunisienne. Elle a simplement supprimé tout ce qui était contraire à la thèse qu'on voulait soutenir. Elle s'est appliquée à donner au texte un sens différent de celui qu'il avait. Le texte vrai constate que « cette somme a été portée au débit de Mahmoud Benaïad, à valoir sur ce » qui lui est dû dans son compte avec le gouvernement. » Rien de plus net ni de plus clair. Du moment que la somme, objet de la délégation, a été portée au débit de Benaïad, la délégation est incontestablement due. Du moment qu'elle a été compensée à son débit par ce qui lui était dû à son crédit, en son compte avec le gouvernement, il n'était plus possible de soutenir que la délégation avait pour objet des fournitures à effectuer. C'est pourquoi il a fallu remanier et refaire en quelque sorte la déclaration du prince, selon les conclusions qu'on en voulait tirer, et alors on a retranché du texte dans la traduction tunisienne ces deux constatations essentielles que la somme déléguée avait été portée au débit de Benaïad, qu'elle était un à-compte sur ce qui lui était déjà dû, et on a remplacé ces deux attestations par cette phrase toute différente :

« La présente somme est à valoir sur les comptes qu'il a avec le gouvernement. »

Encore une fois, nous saisissons donc ici les agents tunisiens en flagrant délit de falsification manifeste, calculée et préméditée, des pièces officielles. Après tout ce que nous avons vu d'eux par les pièces Bahram, Bahrini, Ben-Abbès, et par tous les scandales surabondants en leur sixième communication, le Comité, nous osons le dire, conclura comme nous que d'un bout à l'autre de ce débat le système du faux et de la fabrication a été le seul espoir comme la seule ressource des adversaires du général Benaïad.

Portée au débit du général, déduite des sommes qui lui étaient dues par le gouvernement, restée entre les mains du créancier, revêtue de la reconnaissance et de la signature du débiteur, la délégation est donc due, à moins qu'on ne justifie ailleurs de son payement, soit total, soit partiel. Les agents tunisiens, au moyen d'une équivoque, ont aussi essayé de faire croire au payement partiel.

Ils ont opposé au général Benaïad l'acquit de la somme de 1,624,770 fr. 12 c. comme étant un à-compte reçu par lui sur la délégation.

En effet, le général Benaïad avait reçu à compte sur la délégation cette somme en divers recouvrements, tels qu'ils sont énumérés par les agents tunisiens ; mais ils omettent d'ajouter que le

Bey voulut que ces à-compte fussent consacrés à payer les dépenses courantes et non les dépenses arriérées; que par conséquent elles furent imputées sur les fournitures postérieures à la délégation de keda 1262, laissant intacte et entière, entre les mains du général Benaïad, toute la dette résultant de cette obligation.

Et là-dessus le général Benaïad possède encore le témoignage de ses adversaires eux-mêmes. Ils déclarent que ces sommes ont été portées à son débit dans le compte arrêté en djoumad-el-aoual 1264. Il n'y a donc pas de désaccord sur ce fait entre lui et les agents tunisiens. (Voir *Note supplémentaire,* etc., p. 6, déjà citée.) Comme tous les comptes, ce compte se compose naturellement d'un débit et d'un crédit. Le crédit du général Benaïad y est de. . . 16,557,358 p. 14

Le crédit se monte à. 15,901,594   2

La balance contre le général Benaïad est de. . . . . 655,764 p. 12

La délégation de 3,118,325 piastres ne figure nulle part à ce crédit du général Benaïad. Les à-compte payés par le Sabtab, ou les 1,624,770 p. 12 figurent au contraire à son débit. Ils ont donc déjà servi à balancer une somme correspondante de son crédit dans le compte de 1264. On se demande comment de cette circonstance les agents tunisiens ont pu tirer et essayer de faire tirer au Comité cette étrange conséquence que ces 1,624,770 piastres, ayant été portées en charge au général Benaïad sur ses fournitures ou son crédit de 1264, se trouvent par là même un payement nécessaire et prouvé de la délégation antérieure dont il est porteur. La conséquence contraire ressort seule et trop évidemment des faits.

Résumons en quelques mots l'état actuel de la question. En 1262, le Bey avait délivré au général Benaïad une délégation de 3,118,325 piastres 3/4 à-compte sur ce qui lui était dû par le gouvernement, et la délégation avait été portée au débit du général en déduction de ses créances et fournitures.

De 1262 à 1264, divers à-compte avaient été payés par le Sabtab à mesure qu'il recouvrait tout ou partie des revenus spécialement affectés à l'acquit de l'obligation.

En 1264, les choses avaient marché, de nouvelles fournitures avaient été faites; un nouveau compte était à dresser entre le gouvernement et le général Benaïad; les payements opérés par le Sabtab sur la délégation de 1262 ne pouvaient figurer sur les comptes de 1264 qu'en cessant de rester imputables à la délégation de 1262 elle-même, déjà portée au débit de Benaïad. Cependant le Bey préféra que les à-compte payés vinssent combler sa dette courante plutôt que sa dette arriérée. Ils furent donc portés au débit de Benaïad pour 1264.

Mais on se demande comment les agents tunisiens, qui reconnaissent ces sommes au débit du général Benaïad pour 1264, peuvent avoir encore la prétention de les porter au débit de la délégation de 1262. Le double emploi, sans contredit, est flagrant et évident.

Le Comité, cependant, a demandé au général Benaïad la justification de la créance représentée par la délégation. Cette justification résulte matériellement des termes mêmes et des détails contenus dans l'obligation contractée. Elle a figuré à son débit; elle lui a été délivrée comme à-compte de ce qui lui était dû sur les règlements de 1262. Le général Benaïad est allé plus loin : il a déclaré que cette délégation avait pour objet de payer les produits des fermages, pendant trois ans, de l'Ouatan, des Metallit, etc., etc., qui étaient entrés dans son débit avec le Bey, quoiqu'il eût payé le prix de ces apaltes. Le fait est constaté par les comptes eux-mêmes : le compte en argent débitant le général du prix des fermages et le compte des matières le débitant aussi du produit de ces mêmes fermages. Enfin une partie de la délégation, comme il l'a également déclaré, a servi aussi à payer diverses fournitures de diamants sur papier qui sont entrées dans le règlement de cette délégation.

Ainsi, en 1262, la délégation était bien due. Les à-compte payés par le Sabtab ont été employés à compenser d'autres dettes du gouvernement. Or, ces à-compte absorbés, comme il vient d'être dit, les agents tunisiens ne peuvent justifier d'aucun autre payement. Le titre, dès lors, reste intact et entier, et le Comité en allouera le chiffre au général Benaïad avec les intérêts qu'il réclame à 6 pour 100 du jour de l'obligation.

Un mot maintenant sur les 1,500,000 piastres relatives au voyage du Bey.

Cette question n'a rien de commun avec la délégation sur le Sabtab. Les agents tunisiens en ont fait d'abord un chef particulier de leur demande dans la *Note explicative*, p. 31. Ensuite, dans le *Redressement des questions*, ils ont produit eux-mêmes la reconnaissance du gouvernement de Tunis pour un à-compte de 1,800,000 piastres versées par le général Benaïad sur les 1,500,000 francs qu'il devait rendre en retour du prêt des 1,500,000 piastres sus-énoncées. Il n'y a plus sur cette affaire, entre le général Benaïad et le gouvernement de Tunis, qu'une difficulté de change : il ne s'agit plus que de déterminer à quel taux la piastre doit être évaluée pour compenser les 1,500,000 francs dus, par les 1,800,000 piastres remboursées. Mais il est impossible de faire entrer cette affaire dans toute compensation prétendue avec la délégation sur le Sabtab. Les faits, aujourd'hui, sont d'ailleurs suffisamment éclaircis pour qu'il n'y ait plus à insister sur ce point.

Conformément aux ordres du Comité, le général Benaïad joint à ces observations :

1° L'amra du 28 chaoual 1262, portant quittance pour le prix de ses divers fermages en blé, en orge, jusqu'à cette date ;

2° Le compte de djoumad-el-aoual 1264, débitant de nouveau le général Benaïad des 1,624,770-12, payées d'abord comme à-compte sur la délégation 3,118,325 piastres 3/4, et qui incontestablement ne peuvent plus être dès lors imputées à cette délégation.

La production du surplus des pièces indiquées par le Comité concerne les agents tunisiens.

P. S. Ces observations étaient rédigées lorsque de nouvelles questions sur ce point ont été adressées par la sous-direction du contentieux au général Benaïad. Les voici :

« § I. *Délégation sur le Sabtab* (3,118,325 p.)

» Le général Benaïad est invité :

» 1° A produire le compte de fournitures au solde desquelles il soutient que la délégation est » affectée ;

» 2° A indiquer dans quel compte il a été crédité par le gouvernement du Bey du montant de » cette délégation ;

» 3° A dire s'il existe un compte postérieur où cette délégation aurait figuré à son crédit. »

La discussion précédente paraît au général Benaïad satisfaire complétement à ce complément de l'instruction. Toutefois il y ajoutera quelques mots.

Il ne possède pas et ne peut posséder l'original contenant les détails de son compte de 1262, dont on lui demande la production. Ce compte ne peut être délivré que par le gouvernement de Tunis, puisqu'il fait partie du registre du Bey. Quant à sa copie, elle est sur ces livres de Benaïad que les ministres de Tunis lui ont violemment enlevés et confisqués.

Mais, pour démontrer la réalité de cette créance, il n'a pas besoin de cette pièce supplémentaire.

On sait comment il était procédé par les parties dans ces sortes de liquidations : les comptes étaient inscrits sur les registres du Bey par les officiers de la comptabilité d'après les titres qui leur étaient remis, et qui étaient ensuite déchirés par le Bey contre la reconnaissance ou le titre définitif délivré par le prince en à-compte ou pour solde de la dette constatée, après balance du débit et du crédit.

La délégation sur le Sabtab est un titre de cette espèce.

Le titre existe-t-il? Est-il régulier? S'est-il, au moins à son origine, trouvé légitimement entre les mains du général Benaïad?

Sur toutes ces circonstances le doute est impossible.

L'original du titre est produit par le général Benaïad.

Il est revêtu de toutes les formalités requises et de la signature du Bey.

Après avoir un instant affecté à son endroit une innocence ignorante, les agents tunisiens ont fini par en reconnaître la réalité.

Dès lors entre eux et le général Benaïad il n'y avait plus qu'une question.

Selon le général Benaïad, la délégation est un payement effectué sur les comptes arrêtés et réglés jusqu'en 1262.

Suivant les agents tunisiens, elle est une avance qu'aurait faite le gouvernement non pour une dette reconnue, mais pour des fournitures à effectuer.

Entre les contendants, voilà toute la difficulté : il n'y en a pas d'autre.

Il est inutile d'en chercher la solution ailleurs, si le titre lui-même, si la signature souveraine la porte absolue et radicale

Le texte est aussi explicite que possible.

L'acte souverain est du 1er keda 1262.

Il constate qu'à cette date la somme déléguée avait été portée au débit du général Benaïad, et sur son compte, et sur les registres du palais.

Dès lors elle formait une compensation d'égale somme aux articles du crédit du général Benaïad en son compte de 1262.

Les agents tunisiens ont si bien compris l'écrasante gravité de ce fait, qu'ils l'ont supprimé dans leur traduction.

Ils y ont opéré une autre suppression non moins excessive.

Le texte de la délégation exprime qu'elle est délivrée au général Benaïad : « *A-compte* SUR CE QUI » LUI EST DU *dans son compte avec le gouvernement.* » La délégation ne pourvoyait donc point pour le futur ; elle déclare et constate elle-même qu'elle s'acquittait envers le passé.

Le titre porte donc en lui toutes ses preuves et la réfutation péremptoire et textuelle de l'assertion tunisienne.

Le titre, dans sa forme et sa rédaction, est positif et impératif contre le gouvernement de Tunis.

Il reconnaissait devoir, à la date de l'acte, la somme déléguée au général Benaïad comme compensation à valoir sur les sommes déjà dues.

Le titre du 1er keda 1262 est donc par lui-même et par sa propre vertu net, clair et liquide. Jusqu'à justification de payement, il constitue au jour de la date une obligation pour le gouvernement de Tunis, un droit acquis pour le général Benaïad.

Depuis, a-t-il été payé? Ce n'est pas au porteur du titre à en donner la preuve négative, c'est au souscripteur à en fournir la preuve affirmative.

C'est ce que le Comité avait très-sensément et très-nettement indiqué aux agents tunisiens, comme on le peut voir par les pièces que dans ses *Questions* il réclamait à ces agents sur cette affaire.

« Demander aux agents du Bey *de produire le compte apuré depuis longtemps, disent-ils,* dans » lequel cette délégation aurait été *comprise.* »

Le général Benaïad n'a rien aperçu de semblable dans les productions tunisiennes.

La délégation sur le Sabtab a été portée au débit du général Benaïad ; c'est constaté. Elle représente dès lors au bénéfice du Bey une valeur effective réalisée pour lui par une réduction égale et simultanée dans le crédit de Benaïad. Dès ce moment, et par le simple effet de cette inscription au débit du compte, le Bey était rempli du montant de son obligation. Mais il la doit jusqu'à preuve du payement effectif qu'elle assigne et comporte.

Cette preuve, elle est à sa charge exclusivement et tout entière.

Cette preuve, le Comité l'attendait et la réclamait dans le prétendu *compte apuré* que se vantaient de posséder les agents de Tunis. Le Comité l'attend encore ; il l'attendrait longtemps, car elle n'existe pas.

A défaut des agents tunisiens, le Comité, pour plus de lumières, s'adresse maintenant au général Benaïad. Il lui demande :

Dans quel compte il a été crédité par le gouvernement de Tunis de cette délégation ;

S'il existe un compte postérieur où cette délégation ait été portée à son crédit.

A la première question, le général Benaïad a déjà répondu. (*Réponse aux questions,* etc., page 49.)

« Le 28 chaoual 1262, avant le départ de Son Altesse le Bey pour la France, le général Benaïad » régla le compte de ses fermages de Gerbi, d'Ouatan, de Métallit, de la Rabta, de l'Alfa et de la » Koucha, et il lui fut délivré à cette même date un nouvel amra de fermage desdites localités.

» Après le règlement de ce compte, il resta créancier du Bey pour les revenus ci-après détaillés » lui appartenant et entrés dans les magasins du Bey :

» Les revenus de blé et d'orge provenant de la dîme d'Ouatan, de 1259 à 1262 inclusivement, » entrés dans le compte de la Rabta ;

» L'impôt ou droit du quart d'Ouatan, de 1259 à 1262 inclusivement ;

» Les revenus du tabac, du cuir et du sel pour Ouatan, Gerbi et Métallit, dans le fermage du » général Benaïad, pour ces trois impôts pendant les quatre susdites années.

» Pour solde de tous les revenus que nous venons de spécifier et pour prix d'une quantité consi- » dérable de diamants sur papier que le Bey avait achetés à Mahmoud Benaïad, afin de monter » des nichans, Son Altesse paya audit Mahmoud Benaïad, neuf jours après le règlement de compte, » la somme de 3,118,325 12 piastres en une délégation sur le Sabtab, cette somme soldant tous » les comptes dont nous venons de parler, y compris l'achat des diamants. »

Ces déclarations, les pièces officielles viennent les revêtir de toute leur autorité.

Les fermages dont il est ici question appartenaient-ils au général Benaïad ? Oui, puisque le prix en est porté au compte susmentionné de chaoual 1262, et que l'amra qui le suit en délivre quittance.

Les produits de ces fermages appartenant au général Benaïad ont-ils été versés au Bey, qui, dès lors, en devait la valeur ? Oui encore, comme il résulte entre autres des comptes de blé et d'orge de Mohammed Benaïad de 1259 à 1262, ainsi que le général Benaïad l'a plusieurs fois mentionné, et comme il est facile de le vérifier.

Or, dans ses diverses réclamations, le général Benaïad revendique bien la valeur du produit de ces fermages à compter de 1263 ; mais il ne réclame rien pour les années 1259 à 1262.

Il ne réclame rien pour ces quatre années, parce qu'il en a été payé par la délégation sur le Sabtab. Si les agents de Tunis le contestent, il faut ou qu'ils reconnaissent que ces valeurs n'ont pas été réglées et qu'elles sont dues, ou qu'ils montrent où, quand et comment elles ont été couvertes.

La délégation étant due au moment où elle a été souscrite, a-t-elle été payée depuis ou bàlancée dans les écritures? C'est l'objet de la seconde question.

Le général Benaïad y répond d'abord de la manière la plus absolument négative.

Non, non, cette délégation n'a jamais figuré à son crédit dans les comptes postérieurs à 1262. Les agents tunisiens n'en ont donné, n'en donneront, il leur est impossible d'en donner aucune espèce de preuve.

Dès lors il ne s'agit plus que de savoir si elle a été payée avec le produit des revenus assignés par l'acte lui-même à son extinction.

Là-dessus les parties sont d'accord sur deux points :

1° Le général Benaïad a reçu du Sabtab des versements jusqu'à concurrence de 1,624,770 piastres.

2° Ces sommes ont été portées de nouveau *au débit* du général Benaïad dans les comptes arrêtés en 1264.

Les agents tunisiens ne peuvent donc justifier et ne justifient que d'un à-compte de 1,624,770 p. payé par le Sabtab sur les assignations indiquées.

Mais en même temps ils reconnaissent que ces à-compte ont été une seconde fois portés, à mesure qu'ils s'effectuaient, au débit du général Benaïad, et cette circonstance est toute la base de leur argument.

D'où il résulte :

Qu'aux termes de l'amra de keda 1262, la totalité de la délégation, ou 3,118,325 12 piastres, a été portée une première fois *au débit* du général Benaïad en 1262 ;

Que d'après la déclaration elle-même des agents tunisiens, une partie de cette somme, ou 1,624,770 piastres, a été encore portée *au débit* du général Benaïad en 1264.

Dès lors, voici comment prétendrait procéder la comptabilité tunisienne :

Débiter le général Benaïad en 1262 de la totalité de la délégation souscrite, mais non payée ;

Et le redébiter en 1264 des payements effectués en à-compte de l'obligation.

Un pareil mode de compter n'est pas admissible; le double emploi serait évident. Les 1,624,770 piastres étant portées au débit de Benaïad en 1264, formant, par conséquent, balance et solde d'une égale valeur de son crédit, ne peuvent être de nouveau comptées comme à déduire de l'obligation déjà balancée et soldée au compte de Benaïad en 1262.

En résumé :

La délégation sur le Sabtab était le solde du compte de 1262 arrêté entre le Bey et le général Benaïad.

Les à-compte versés ont servi en 1264 à balancer et compenser d'autres dépenses courantes.

La délégation reste donc intacte et due aux mains du général Benaïad.

Deuxième post-scriptum. Le général Benaïad trouve à l'instant, dans la septième communication des agents tunisiens, la confirmation des observations qu'il vient d'avoir l'honneur de présenter.

Ils font précéder le quatrième compte qu'ils produisent dans leur pièce n° 55, de la note suivante :

« Lorsque M. Benaïad réclama entre autres choses le solde du teskeré du 2 keda 1262 fourni sur
» le ministre Sahheb-el-Tabie, nous répondîmes que ce teskeré lui avait été délivré à valoir sur
» ses divers comptes avec le gouvernement tunisien ; par conséquent, nous démontrâmes, pages 1
» et 2 de la note supplémentaire à la réponse faite aux réclamations de M. Benaïad, et page 4 de
» la réplique de la *Note réfutative*, que les sommes qu'il a touchées dudit teskeré sont portées sur
» le quatrième compte daté du mois de djoumad-el-aoual 1264, c'est-à-dire environ dix-huit mois
» après la date du teskeré en question.

» Nous trouvant maintenant dans la nécessité de détailler tous les comptes dont nous n'avions
» donné, dans la *Note supplémentaire*, qu'un résumé, nous allons démontrer, dans une colonne
» particulière, toutes les sommes que M. Benaïad a touchées dudit teskeré, et comment ces mêmes
» sommes ont été portées dans le compte général. Aussi nous espérons que Messieurs les membres
» de la Commission pourront se convaincre plus facilement de la véridicité de ce que nous avons
» dit. »

Les agents tunisiens, on le voit, ne disputent plus sur la réalité de l'obligation à la date de son émission. Ils reconnaissent que cette obligation a été délivrée à Benaïad non plus sur des fournitures à venir, mais à valoir sur ses comptes avec le gouvernement ; ils ne contestent pas que cette obligation ait été portée à son débit, et ils ne peuvent le contester en présence des constatations exprimées dans le titre.

Ils se bornent à se défendre sur le chiffre de 1,624,770 piastres, qu'ils prétendent avoir été payées en à-compte sur la délégation.

En cette prétention encore la bonne foi n'est guère admissible ; on essaye de surprendre la religion du Comité par la plus misérable des équivoques.

Le compte de 1264 prouve, dit-on, que le général Benaïad dix-huit mois après la date de la délégation avait reçu les 1,624,770 piastres. Sans doute ; et cela n'a jamais été contesté. Mais le compte de 1264 prouve aussi que cette somme a été remployée au profit du Bey, au crédit du Bey, puisque, d'après les agents tunisiens eux-mêmes, elle figure au débit de Benaïad en 1264. Pour que cette somme portée au débit de Benaïad eût une valeur quelconque de compensation contre la délégation de 1262, il faudrait sans conteste, qu'en même temps la délégation fût portée au crédit du général Benaïad dans ce même compte pour la totalité de la valeur.

Or, il suffit de vérifier les sommes au crédit de Benaïad dans le compte de djoumad-el-aoual 1264, pour être assuré que l'obligation du Sabtab en est complétement absente.

Dès lors, comment les 1,624,770 piastres servant à balancer en 1264 une somme égale du crédit de Benaïad peuvent-elles également servir à couvrir d'autant la délégation de 1262 ? *Non bis in idem.*

Aussi toute l'argumentation de la note tunisienne se borne-t-elle à un artifice de langage. Elle mentionne que la somme de 1,624,770 piastres se trouve dans les comptes du gouvernement pour 1264 ; mais elle oublie d'ajouter qu'elle s'y trouve au débit du général Benaïad.

Nᵒ II. — CRÉANCE DE 671,208 PIASTRES.

« Demander aux Tunisiens :

» 1º Le compte de rebi-el-tani 1266 ;

» 2º L'explication de l'erreur de chiffre du compte du 24 zilcade 1264 (19 octobre 1848)
» comparativement à celui de djoumad-el-aoual 1264 (avril 1848). »

Rien n'est simple comme cette affaire, que les agents tunisiens semblent s'appliquer à embrouiller par une énorme acccumulation d'écritures.

Le général Benaïad leur réclame le payement d'une somme de 671,208 piastres, par solde d'une obligation ou teskeré souscrit par le Bey en faveur du général Benaïad, sous la date du 24 zilcade ou kéda 1264. Cette somme était le règlement définitif de ce compte.

Les agents tunisiens, dans leur *Note supplémentaire*, page 9, ont rejeté cette réclamation, sous prétexte qu'il en avait été tenu compte au crédit du général Benaïad dans le règlement suivant du 30 rebi-el-tani 1266, et ils ont cité l'article de ce compte dans lequel la somme réclamée se trouve portée selon eux.

Le Comité leur a demandé de justifier cette assertion par la production du compte original, ou du moins par la copie certifiée de cet original confronté avec les registres officiels.

A cette invitation, les agents tunisiens se conforment en produisant la copie des neuf comptes courants du général Benaïad, embrassant une époque qui commence au 8 sfar 1261 et finit au 25 redjeb 1267.

Le premier de ces comptes du 8 sfar 1261, solde au débit de Benaïad,
par piastres. . . . .   341,859 » 6

Le second, en date du 9 rebi-el-tani 1261, se solde également à son débit,
par. . . . .   1,271,062 4 »

Le troisième, du 3 djoumad-el-tani 1261, se solde au crédit de Benaïad, par   392,001 8 »

Le quatrième, de djoumad-el-aoual 1264, se solde au débit du général
Benaïad, par. . . . .   575,764 12 »

Le général Benaïad doit placer ici une observation : ce solde à son débit est porté dans le compte suivant pour 655,764 piastres 12 : et dans sa *Note réfutative*, il faisait remarquer cette différence et en demandait l'explication. Aujourd'hui un examen attentif des pièces produites lui a démontré qu'en effet l'erreur avait été commise par les agents tunisiens, mais que c'était une erreur de plume, et qu'en réalité son débit devait s'élever à 655,764 12, ainsi qu'il est mentionné dans le compte suivant.

Les questions ci-dessus demandent aux agents tunisiens une explication sur ce fait. Le général Benaïad, désireux de ménager le temps du Comité et ne cherchant que la vérité, est le premier à reconnaître que le solde de 575,764 12 est le résultat de l'erreur dont il vient de parler, et que par conséquent son débit au quatrième compte doit bien être celui qui figure ensuite au cinquième, ou 655,764 piastres 12.

Il rappelle seulement que l'erreur ne lui est pas imputable, et qu'elle appartient tout entière à ses adversaires.

Le cinquième compte, du 14 zilcade 1264, solde au crédit de Benaïad, par piastres. . . . . 671,208 » »

Le sixième, du 30 rebi-el-tani 1266, solde au même crédit, par. 2,635,079 12 11

Le septième, de zilcade 1266, crédite Benaïad, de piastres 1,730,208 12 7

Le huitième, du 19 rebi-el-aoual 1267, se balance par un solde au crédit du général, de. . . . . , ... 3,886,332 4 »

Enfin, le neuvième se solde toujours au même crédit, par. . . . . 775,492 4 »

La question à débattre se concentre exclusivement dans les cinquième et sixième comptes : le premier, sous la date du 14 zilcade 1264; le second, du 30 rebi-el-tani 1266.

C'est dans le compte de rebi-el-tani 1266 qu'on prétend que le teskeré pour solde de 671,208 piastres délivré au général Benaïad par le Bey, en reconnaissance de sa dette, a été compris et soldé par un article d'égale somme au crédit de Benaïad. Il ne s'agit plus que de savoir quelle est la valeur, l'autorité et la sincérité de la pièce produite.

Les copies des quatre premiers comptes produits semblent en règle ; elles contiennent le détail de chaque compte ; elles sont accompagnées de la signature et du teskeré du Bey déterminant le crédit et le débit ainsi que la balance qui en résulte.

Le cinquième compte, celui qui constate la légitimité de la créance réclamée, présente déjà des circonstances qu'il faut remarquer. La copie en arabe du compte en question est accompagnée de son teskeré et de la signature du Bey ; la traduction française au contraire supprime et le teskeré et la signature ; elle les remplace par la simple mention de l'existence du teskeré lui-même. Cette inexactitude ou cette irrégularité n'aurait pas en elle-même une grande importance, si elle n'avait pour objet de préparer et d'introduire la manœuvre qui va se développer dans le sixième compte.

Ce compte, on se le rappelle, est justement celui qui aurait crédité le général Benaïad du solde arrêté et réglé près de deux ans auparavant.

C'est justement cette pièce qu'il fallait donc entourer de toutes les conditions de l'exactitude et de l'authenticité, car c'est elle qui doit décider la question.

Or, elle est justement dénuée de tous les caractères dont sont investies les pièces précédentes.

Nous ne parlerons point de tous les remaniements qu'on a fait subir à la traduction française, comparée à la copie arabe, dans l'ordre des divers articles du compte. Nous n'en citerons qu'un, parce qu'il a plus de gravité que les autres. Dans la copie arabe, l'article des 671,208 piastres forme le dernier article de la pièce ; dans la traduction française, au contraire, on a repris dans le corps de ce compte et à une grande distance, trois des articles qui sont déplacés pour figurer après celui des 671,208 piastres.

Il est évident que ce remaniement s'est opéré dans le but d'éviter les réflexions que pouvait inspirer l'article des 671,208 piastres, arrivant inopinément à la fin de la nomenclature de toutes les dépenses que le compte de 1266 avait pour objet de régler.

Il est utile d'ajouter que cet ordre introduit dans la traduction française, en contradiction avec l'original arabe, était également celui qu'avait adopté dans sa discussion la *Note supplémentaire*, page 9, en ces termes :

« Solde du compte précédent daté du 24 zilcade 1264 (somme que réclame maintenant M. Benaïad
» au gouvernement tunisien. . . . . piastres.   671,208   »

» Solde du prix de la pâte (macarons) précédemment achetée. 8,258 12

» Solde du deuxième compte de Gaspari. 3,341 12

» Solde d'un ancien compte de diamants.   2,501   8

Ces trois derniers articles, qui semblent ici clôturer le compte, sont au contraire les 142°, 143°
et 144° du compte, qui se compose de 183 articles.

La nature et le choix de ces trois articles déplacés révèle assez pourquoi ils ont été rangés à la
suite de l'article relatif aux 671,208. Ils donnaient un air de vraisemblance à l'introduction de cet
article; ils montraient que le compte finissait en portant quatre soldes de quatre comptes précédents
et différents; et dès lors, la conclusion devenait vraisemblable, que le solde de 1264 figurait en
réalité à la fin de ce compte, puisqu'elle semblait consacrée à régler les soldes non pas de ce
compte seul, mais de quatre comptes divers. Mais on s'est sans doute vu arrêté ensuite par une
difficulté plus grave.

Le compte dont on argumente, pour posséder son caractère d'authenticité et d'autorité devait
être suivi du teskeré qui en constate le règlement, en détermine la balance et est accompagné de
la signature du Bey. Ce teskeré et cette signature existent sur les registres originaux; ils sont
absents, ils sont supprimés et dans la copie produite en arabe et dans la traduction française.
Étrange procédé! Pour les comptes précédents, qui ne touchent pas à la question, les agents tunisiens nous donnent scrupuleusement et le teskeré de solde qui les suit et la signature du Bey, qui
les reconnaît et les sanctionne. Pour le compte décisif, pour la pièce probante, au contraire, ils se
troublent et s'abstiennent. Ils prétendent que la pièce contient la preuve que les 671,208 piastres
ont été portées au crédit du général Benaïad; et c'est précisément pour cette preuve à faire qu'ils
n'osent revêtir la pièce destinée à la fournir de la seule chose qui puisse lui donner son caractère
et sa vertu, la signature du Bey, le teskeré du Bey.

Pourquoi donc cette précaution? Évidemment parce que ce teskeré venait démentir toute l'assertion tunisienne; parce que comme les teskerés qui ont suivi celui-ci et dont l'ensemble a composé le mandat au porteur de 5,000,000 sur la ferme des cuirs, ce teskeré constatait que les pièces
justificatives des dépenses formant l'ensemble du solde de 2,635,079 piastres 12, 11, avaient été
fournies au Bey par le général Benaïad; qu'après avoir été inscrites sur le registre elles avaient été
déchirées, et qu'en présence de cette déclaration il devenait impossible de soutenir qu'on y fît
figurer le teskeré de solde de 1264, puisque ce teskeré, au lieu d'être livré et détruit, se trouvait
intact et présent entre les mains du général Benaïad.

Il n'est pas inutile de faire remarquer ici au Comité que les neuf comptes dont nous avons déjà
parlé se partagent en deux catégories, en deux divisions très-distinctes. Les cinq premiers se
suivent à des distances très-rapprochées : deux en 1261, un en 1262, deux en 1264. Là ils s'ar-
rêtent, et c'est en ce moment qu'est délivré le teskeré définitif des 671,208 piastres, objet de l'obligation existante au pouvoir du général Benaïad et réclamée par lui. Les choses restent dans cet
état pendant dix-sept mois, de keda 1264 à la fin de rebi-el-tani 1266. Pendant ce temps de nouvelles dépenses ont été faites, de nouveaux règlements sont à opérer. C'est alors qu'intervient la
nouvelle série de comptes au nombre de quatre, qui se succèdent rapidement, deux en 1266, deux
en 1267, et qui ont pour objet, comme le constate leur intitulé, de reconnaître et de régulariser
les dépenses faites par le général Benaïad dans l'époque qu'ils embrassent.

La vraisemblance est donc que ces deux ordres de comptes ont eu leur règlement et leur solde indépendamment l'un de l'autre. Et cette vraisemblance devient une certitude lorsque le général Benaïad présente dans toute sa virtualité l'obligation de 1264, qui fait titre contre le Bey jusqu'à la preuve contraire, authentique et certaine.

Cette preuve elle ne peut se trouver dans une pièce fabriquée pour le besoin de la cause, comme les comptes de Bahram, de Bahrini et de Ben-Abbès.

Le compte de 1266 n'a point la signature du Bey; il supprime le texte du teskeré de règlement, il n'est pas autre chose qu'une pièce de fantaisie que les agents tunisiens ont présentée, faute de mieux, pour ne pas rester complétement à court dans la justification qu'exigeait d'eux le Comité. Si la pièce eût été sincère, elle eût été accompagnée des caractères et de la signature qui lui manquent, aussi bien que les autres pièces similaires dont elle est précédée. On a exactement renouvelé ici la manœuvre de la question relative aux céréales. On produisait exactement les comptes en blé des deux Benaïad; on les accompagnait de la signature du Bey; on fabriquait les comptes de Bahram, Bahrini et Ben-Abbès, et on était bien forcé de se passer de cette signature. C'est ce qui se renouvelle ici. Les comptes sur lesquels on est d'accord sont investis de la signature souveraine; elle manque au contraire à celui sur lequel on discute. Par conséquent il est fabriqué, comme tous ceux dont cette signature est absente.

Par contre, le titre du général Benaïad est net, authentique, incontestable et incontesté en lui-même, revêtu des signatures et des formalités requises; un titre dans un tel état de régularité ne peut être annulé, ne peut même pas être affaibli par la pièce sans autorité, sans signature, sans valeur qu'on lui oppose, et le Comité, nous osons l'avancer, fera droit à la pièce régulière en rejetant, comme elle le mérite, la pièce altérée et dénaturée.

N° III. — CRÉANCE DE 1,450,000 PIASTRES, RELATIVE A LA FERME DES TABACS.

« Demander le compte de Benaïad à cet égard. »

Le compte du général Benaïad est très-simple à établir.

Il réclame deux délégations d'un million de piastres chacune délivrées par le Bey sur la ferme des tabacs pour les années 1268 et 1269.

Sur ces délégations, le général Benaïad reconnaissait avoir reçu des à-compte formant un total de 550,000 piastres; il réclamait en conséquence le solde ou 1,450,000 piastres.

Sur cette réclamation, les agents tunisiens, suivant leur usage, ont équivoqué et déplacé la question.

Ils ont répondu en présentant dans leur *Note supplémentaire*, etc., page 10, un état des sommes payées sur les années 1267 et 1268. Ils se sont tus sur l'année 1269.

Or le général Benaïad n'élevait pas de prétentions sur le payement de la délégation relative à l'année 1267. Mais les agents tunisiens tenaient à prouver le payement de deux années, et alors ils ont fourni leur compte pour 1267 et 1268.

Répétons qu'il s'agit au contraire des années 1268 et 1269.

Il y a donc encore ici une manœuvre destinée à surprendre la religion du Comité.

En fait, les agents tunisiens n'ont rien trouvé ni produit qui justifiât le payement de la délégation de 1269. Cette délégation, elle est au pouvoir du général Benaïad, l'original en est soumis au Comité. Elle est donc incontestablement due.

Pour l'année 1268, le général Benaïad admettait avoir reçu à compte 550,000 piastres. Ses adversaires ont prétendu avoir versé le surplus ou 450,000 piastres entre les mains de ses représentants à Tunis. Le général Benaïad a déclaré et déclare de nouveau que ses agents ne lui ont point donné avis de ces versements, que les fonds ne lui en ont jamais été remis; mais il a reconnu en même temps que si ces agents avaient reçu les sommes mentionnées, le gouvernement tunisien en était valablement libéré envers lui, sauf à lui à faire valoir ses droits et exercer ses répétitions sur ses agents eux-mêmes.

Or, dans leur neuvième communication, les représentants de Tunis ont produit pour les années 1267 et 1268 *douze* reçus, soit de Benaïad, soit de ses agents, que celui-ci accepte et qui, s'élevant ensemble à la somme de piastres. 1,996,842

A-compte sur les deux délégations des deux mêmes années, soit. 2,000,000

Solde au crédit de Benaïad à la fin de 1268. 3,158

Plus la délégation restée intacte pour 1269. 1,000,000

Total dû au général Benaïad fin 1269. 1,003,158

Voilà désormais, d'accord avec les pièces tunisiennes, la totalité de la créance du général Benaïad pour ce chef. Mais il exprime en même temps la formelle réserve que tous ses reçus lui seront restitués, et spécialement ceux qui ont été délivrés par ses agents, pour qu'il puisse se faire rembourser de ces sommes par ces derniers, qui ne lui en ont ni donné avis ni rendu compte.

Enfin, conformément aux réserves exprimées dans ses divers écrits, et notamment dans ses *Réponses aux questions*, etc., pages 13-14, le général Benaïad doit rappeler que le payement de ces délégations, après avoir été porté à son débit par le Comité en son compte général, ne doit plus figurer comme compensation au compte particulier des bénéfices produits pour l'année 1268 par la ferme des tabacs, bénéfices qui ont été perçus par les agents du Bey, et dont par conséquent le gouvernement tunisien doit compte et remboursement au général Benaïad.

N° IV. — 2,254,964 PIASTRES. — FOURNITURES DIVERSES.

« Demander :

» 1° La pièce n° 99, à laquelle renvoie le gouvernement de Tunis;

» 2° Les productions annoncées par Benaïad. »

AUTRE QUESTION SUR LE MÊME SUJET.

« Demander au général Benaïad de déclarer dans le procès-verbal de l'examen des » teskerés relatifs à cette affaire, si les teskerés ont tous été produits par lui et commu- » niqués aux agents tunisiens. »

Le général Benaïad, conformément à la seconde de ces recommandations, a déclaré dans le procès-verbal avoir fourni à l'examen des agents tunisiens les titres relatifs à la réclamation dont il s'agit, ou ceux du moins qui sont en son pouvoir.

Dans la liste des pièces formant sa septième communication, il a exposé les vicissitudes par lesquelles avaient passé ces titres. Il doit commencer par reprendre brièvement ce récit.

Les teskerés du Bey relatifs à cette affaire avaient été d'abord laissés entre les mains du kasnadar par le général Benaïad au moment où il quitta Tunis. Le kasnadar les transmit à l'écrivain du Bey Mohammed Boukris pour qu'il en dressât le compte, l'inscrivît sur les registres et en préparât le règlement. De Paris, le général Benaïad ne cessait de presser le kasnadar de terminer cette affaire, comme il résulte de la correspondance communiquée au Comité. Le ministre opposait des objections et des temporisations : « Le Bey était malade, incapable d'un travail sérieux ; il fallait attendre qu'il fût dans un meilleur état de santé. » La correspondance du kasnadar constate que le compte avait été en effet dressé par Boukris, inscrit sur les livres, et qu'il n'y manquait que la vérification du prince pour la reconnaissance et la destruction de ces mandats, et la signature du teskeré de règlement. Après une longue attente, le général Benaïad, inquiet, craignant que ces pièces ne vinssent à s'égarer ou se perdre, ordonna à son neveu Hamida de les retirer des mains du kasnadar et de les remettre à son jeune fils Ahmed, alors à Tunis. L'état du Bey s'améliorant, le kasnadar réclama de nouveau la remise des pièces pour régulariser le compte et délivrer au général Benaïad la reconnaissance du solde. Celui-ci écrivit à Hamida de les reprendre aux mains de son fils et de les rapporter au kasnadar.

Le reçu fourni par Hamida à Ahmed Benaïad se trouve joint aux pièces de la septième communication.

Hamida lui-même, dans sa déclaration par-devant le consul de France, jointe à la même communication, rend compte des diverses circonstances qui ont suivi cette livraison par Ahmed Benaïad.

Voici le résumé des faits résultant de cette déclaration.

Hamida alla porter le sac contenant les teskerés du Bey au kasnadar ; ce dernier ne s'exécuta pas plus que la première fois ; le règlement traînait encore en longueur ; le général Benaïad prescrivit à son neveu de retirer une seconde fois les pièces ; le kasnadar ne consentit à les restituer qu'en signifiant l'expresse défense à Hamida de les faire parvenir à son oncle, et en le rendant responsable de leur garde. Le procès actuel était alors engagé. Le général Benaïad, surpris de cette séquestration, s'adressa à S. E. M. le ministre des affaires étrangères pour obtenir la réintégration de ces titres en son pouvoir, attendu qu'ils lui étaient indispensables pour établir ses droits devant le Comité. Le ministère donna en conséquence ses instructions à M. le consul général de France. Cet agent s'adressa directement au Bey défunt, et obtint de lui que Hamida serait autorisé à délivrer les pièces. Cette livraison fut opérée, en effet, en chancellerie du consulat par Hamida. Le consul scella de son cachet le sac qui les contenait ; elles furent expédiées à Paris, où le général Benaïad les déposa au bureau du contentieux dans l'état où le paquet scellé avait été remis par le consul à son agent M. Mercier.

Ce paquet ou ce sac n'a été ouvert que dernièrement par le général Benaïad dans les bureaux du contentieux, en présence du général Khereddin, qui a vérifié les teskerés qu'il contenait.

On y a trouvé des mandats du Bey pour une somme de 827,003 piastres seulement.

C'était bien loin de la somme réclamée par le général Benaïad.

Ces 827,003 piastres sont l'expression des teskerés reconnus et acceptés par le général Khereddin.

Le sac contenait en outre :

1° Un teskeré du Bey pour fournitures de 1,231 piastres ;

2° Sept reçus du kasnadar constatant des remises de bijoux à lui faites par le général Benaïad, mais dont la valeur n'est pas exprimée.

Le général Khereddin, tout en reconnaissant la signature du Bey sur la première de ces pièces et celle du kasnadar sur les sept autres, n'a pas voulu les admettre, sous prétexte qu'il ne savait pas ce dont elles parlaient.

Mais il y avait un compte, le compte dressé par Sid Boukris, consigné par lui sur les registres du Bey, dont le général Benaïad avait signalé l'existence au Comité, qu'il invoquait comme la preuve de la sincérité de son chiffre, et dont le Comité lui-même avait ordonné la production, soit en original, soit en une copie conforme aux registres officiels vérifiée et certifiée par le consul.

Le général Benaïad pressa le général Khereddin de produire cette pièce essentielle et décisive, et dont l'existence ne pouvait être douteuse. Ce dernier ne se rendit que plusieurs jours après et sur de nouvelles instances. Et voici de quelle façon étrange il a fini par faire cette production. Il a présenté un compte en français avec l'invariable et banale formule du consulat : Vu et certifié ; mais il s'est abstenu de fournir l'original ou la copie de cet original en arabe. Et lorsque le général Benaïad réclama contre cette lacune inexplicable, son adversaire lui répondit que le compte en arabe, écrit de la main de Sid Boukris, s'était égaré à Paris, et que par conséquent il n'y avait point lieu à le produire.

Le Comité reste le juge, soit de la sincérité, soit de la valeur du prétexte. Quoi qu'il en soit, le compte en français produit par les agents tunisiens constate déjà une somme totale de fournitures avouées s'élevant à piastres. 1,671,804 4 7 1/2

C'est un premier chiffre désormais établi et incontesté.

Mais le général Benaïad peut fournir la preuve immédiate et matérielle que des articles importants livrés par lui au Bey ne figurent point dans ce compte tunisien. Et tout d'abord il en va citer un de cette nature.

Cette discussion nous ramène à cette affaire scandaleuse des diamants dont le général Benaïad a exposé les circonstances dans son *Dernier mot,* etc., page 52, et dans plusieurs de ses communications manuscrites.

Ces diamants, on le sait, furent déposés par le général Benaïad au kasnadar, qui, moyennant un prix déterminé, devait les livrer au Bey. Le général en demanda plusieurs fois au ministre ou la reconnaissance du prince ou la restitution. Il ne fut répondu que par des paroles vagues ou des fins de non-recevoir. Enfin, confiés par le gouvernement de Tunis au général Khereddin, celui-ci les vendit à M. Halphen à Paris, pour subvenir aux frais de la mission chargée de soutenir, par les moyens qu'on connaît, le procès intenté au général Benaïad.

On se procurait ainsi la douceur de faire aux frais de ce dernier la guerre injuste qu'on lui avait déclarée.

Le général Benaïad eut connaissance de cette vente ; il fit opposition aux deniers qui en provenaient, comme produits par des objets dont il était dépouillé ; et il assigna les agents tunisiens en validité de son opposition.

En présence d'une accusation de cette nature, ils se sentirent si peu forts de leurs droits, qu'ils essayèrent d'abord de se retrancher contre la justice derrière les immunités de leur caractère diplomatique.

Ils n'en furent pas moins contraints à comparaître devant le Tribunal civil de la Seine. Là, ils cherchèrent à se couvrir encore de la personne de leur maître ; et, après avoir objecté que les magistrats français n'avaient pas le droit de juger un souverain étranger, ils finirent par invoquer la litispendance des comptes entre leur gouvernement et le général Benaïad devant l'arbitrage de Sa Majesté Impériale.

Sur cette fin de non-recevoir, le tribunal se déclara incompétent, mais ne voulut point prononcer la mainlevée de l'opposition.

Les agents tunisiens se pourvurent en appel.

Il est bon, pour la moralité de l'affaire, de porter à la connaissance du Comité par quels moyens, par quel système de diffamation calomnieuse, on travailla à influencer l'esprit des magistrats de la Cour impériale. Nous copions un extrait du compte rendu de cette audience dans la *Gazette des tribunaux* du 13 janvier dernier (1856) :

« Notre adversaire dans le procès actuel, qui est aujourd'hui M. Ben–Ayet, citoyen français,
» est Tunisien d'origine. *Il avait su capter* la confiance du Bey de Tunis, et en 1849 il occupait
» encore dans la Régence des emplois importants. Il était directeur des monnaies et fermier général
» des impôts, *et c'est sans doute par abréviation de cet ancien titre qu'il se fait appeler maintenant en*
» *France le général Ben-Ayed.* En 1849, il exposa au Bey que sa santé réclamait un voyage en France,
» où il se proposait de consulter les maîtres de la science. Le Bey consentit à son départ, et mit à
» sa disposition une de ses frégates, le chargeant en même temps d'une mission diplomatique près
» le gouvernement français. Mahmoud Ben–Ayet *ne s'occupa pas plus de cette mission* que de sa
» santé, qui n'avait nul besoin de ce voyage, et ce fut à d'autres soins qu'il s'empressa de donner
» toute son activité et tout son temps. Peu à peu il fit revenir de Tunis une grande partie des
» capitaux qu'il y avait ramassés en secret; il acquit en France des immeubles considérables, fit
» des placements de toute sorte, et ne tarda pas à être signalé comme un des premiers parmi les
» plus riches capitalistes que nous envoie l'étranger. *Le bruit en vint jusqu'au Bey de Tunis, qui*
» *ne s'expliqua pas bien comment le directeur de ses monnaies avait pu faire de si grosses économies,*
» et qui fit alors examiner la gestion de son comptable. *Il en résulta que le trésor du Bey se trouvait*
» *créancier de 63 millions que redevait Ben-Ayet. C'étaient là les raisons de santé qui exigeaient son*
» *départ de Tunis.*

» Ce fut alors que Ben-Ayet se fit naturaliser Français, et prétendit de son côté avoir des récla-
» mations considérables à faire contre le Bey. »

Ainsi, selon cet effroyable récit, dont chaque phrase est une perfidie ou un mensonge, Benaïad, après avoir dévalisé les hôtels des monnaies et les caisses du fisc, serait venu en France abriter et décorer ses vols sous un titre de général également usurpé et volé.

Ainsi ce ne serait point le gouvernement de Tunis qui aurait élevé ses insoutenables prétentions afin de résister aux réclamations qui lui étaient adressées, et pour se soustraire aux obligations et aux titres qu'il avait déjà souscrits envers le général Benaïad; ce serait, au contraire, le général Benaïad qui, pris la main dans le sac, n'aurait élevé des prétentions rétrospectives que pour échapper aux justes restitutions dont il était menacé par suite de la vérification de ses comptes.

Les faits sont aujourd'hui bien connus du Comité, et il peut apprécier la loyauté du langage qu'un avocat tenait devant la Cour au nom et certainement d'après les notes des agents tunisiens.

Ces atroces calomnies, elles ont pourtant retenti sous les voûtes de nos prétoires; elles ont été répandues dans le public par les journaux judiciaires; elles étaient depuis longtemps colportées dans les salons, dans les cercles, dans l'oreille des grands et des personnages influents, sous le luxe des dorures et des brillants équipages payés avec l'argent du général Benaïad, produit par ces mêmes diamants dont on lui refusait même un reçu : car il fallait créer une opinion toute partiale et prévenue pour venir au secours des pièces fausses, des comptes fabriqués, qui étaient toute la ressource et toute l'espérance des calomniateurs.

3

La Cour ordonna la mainlevée de la saisie et la libre disposition des deniers provenant de la vente en faveur du général Khereddin.

Or, il faut rappeler que dans tout ce débat la revendication du général Benaïad n'a cessé de porter sur quatre bijoux différents, distingués et décrits par lui : deux bagues et deux colliers. Ce fait a été sans conteste la base de toute la discussion. Les deux colliers avaient été achetés, l'un chez M. Moyena et l'autre chez M. Halphen. C'étaient ceux que le kasnadar avait reçus en dépôt ; et la défense des agents tunisiens consistait à dire que les deux colliers, étant portés dans le compte dont nous nous occupons, faisaient nécessairement partie des questions pendantes devant le Comité du contentieux, et que dès lors le général Benaïad en trouverait la compensation dans l'établissement du solde devant ressortir des décisions de l'arbitrage.

Dans ce débat devant la Cour, l'avocat du général Benaïad revendiqua les deux colliers ; dans toute la procédure il est question de deux colliers, et enfin cette circonstance est consignée dans les conclusions de l'organe du ministère public, telles qu'elles sont produites dans la *Gazette des Tribunaux*, déjà citée.

Il est donc certain que les deux colliers, dont en outre le général Benaïad présentait les factures, doivent se trouver dans le compte dont les agents tunisiens fournissent au Comité une traduction en français sans l'accompagner de l'original arabe.

Or, il résulte du simple examen de cette pièce qu'elle ne crédite Benaïad que d'un seul des colliers. Dès lors, ou les agents tunisiens ont trompé la justice, ou le compte en français qu'ils présentent a supprimé cet article dans le crédit du général. En tout cas, nous ne pouvons supposer que les agents tunisiens nient la dette de l'un et de l'autre collier, qu'ils ont vendus pour leurs besoins et dont ils ont recueilli le prix.

Quant aux deux bagues, elles sont vendues ; l'argent en est entre les mains de la mission tunisienne, et elles ne figurent à aucun titre ni sous aucune forme dans le compte en question.

Laissant de côté le prix des bagues, il faut encore ajouter au crédit du général Benaïad sur le compte ci-dessus la valeur du collier convenue avec le Bey, et cette valeur est de 319,048 piastres.

En outre, les reçus du kasnadar, au nombre de sept, ne sont point portés sur la pièce fournie par le général Khereddin. De ces sept reçus, six indiquent la nature de l'objet dont ils sont destinés à constater la livraison. Ils se taisent seulement sur le prix de ces objets. Or, les reçus sont certains et authentiques. Sid Boukris n'a pu les rejeter qu'en s'inscrivant en faux contre la signature du kasnadar, qu'il était à même d'interroger. Sa fonction et sa spécialité consistent justement à établir d'après les tarifs ou les conventions arrêtées les prix des fournitures qu'il est chargé de régler. Il a donc nécessairement introduit dans son compte la valeur représentative de ces reçus ; et c'est probablement pour cela que le compte écrit de la main de Sid Boukris, parti de Tunis, s'est trouvé égaré à Paris.

Maintenant, faisons nous-mêmes notre compte.

Pour les sommes reconnues dues en vertu de la pièce n° 99, fournie par les agents tunisiens. 1,671,804 4 7 1/2
Pour le collier non porté 319,048   (1)

1,990,852 4 7 1/2

(1) Les deux colliers ne devaient pas être vendus au Bey pour moins de 400,000 *francs*, prix fixé au kasnadar par le général Benaïad.
400,000 francs au change de 75 c. la piastre font. . . . . 533,333 piastres.
A déduire le prix du collier mentionné dans le compte. 214,285

Reste pour le deuxième collier. . . . . 319,048 piastres.

Le surplus de la somme jusqu'au chiffre indiqué par le général Benaïad est nécessairement représenté par les teskerés du kasnadar ci-dessus mentionnés, ou par tous articles qui auraient été omis ou supprimés dans la pièce sans authenticité qu'on présente. Soit 264,111 10

Total.   2,254,964

Pour nous résumer, les titres trouvés, en présence du général Khereddin, dans le sac déposé au bureau du contentieux, et qui avaient fait tant d'allées et de retours dans tant de mains différentes, ne représentent point la totalité du compte que Benaïad est en droit de réclamer. Le gouvernement tunisien lui-même l'avoue, puisqu'il se reconnaît débiteur de 1,671,804 piastres, tandis que les teskerés actuellement présents ne forment qu'une somme de 827,003 piastres. Le compte inscrit sur les registres du Bey, les justifications faites à cette époque par le général Benaïad, voilà les véritables documents sur lesquels le chiffre de cette créance doit être fixé. Les agents tunisiens, on l'a vu, sous le plus futile et le plus invraisemblable des prétextes, refusent de livrer le compte arabe dressé et écrit par Sid Boukris. Mais le général Benaïad a dans ses propres livres ses preuves personnelles, et il va les produire.

Lorsqu'il partit de Tunis, il confia ses affaires à poursuivre et liquider à son fils aîné Soliman, mort peu de temps après. Il lui en laissa un état dressé sur les pièces originales, et cet état, dans les diverses parties qui le composaient, fut consigné par Soliman sur ses livres écrits de la main de son notaire habituel. Ces livres sont au pouvoir du général Benaïad ; il les tient à la disposition du Comité ; et les deux millions 254,964 piastres s'y trouvent mentionnés et détaillés de la façon suivante :

« A réclamer le compte de l'argent dont Sid Boukris a reçu les titres. .   1,846,494 8   1/2

État de divers objets fournis, sur lequel est porté le prix d'un collier que Sid Soliman est chargé de faire inscrire (sur le registre du Bey). . . . .   351,382 » 4

État de fournitures également à faire inscrire. 57,087 8 6 1/2

Total.   2,254,964   1/2

Ce même compte pour les mêmes objets a été également mentionné avec les mêmes détails et les mêmes chiffres dans un état dressé pour le général Benaïad par le chef de ses écritures, Aly Mourabet, état que le général a emporté avec lui à Paris, et qu'il est prêt à mettre aussi sous les yeux du Comité.

D'après toutes ces circonstances, d'après l'irrégularité de la pièce produite par les agents tunisiens et l'absence évidemment calculée du compte écrit de la main de Sid Boukris, le général Benaïad pense que son droit à la créance sus-indiquée est suffisamment établi ; que si les agents tunisiens contestent, ils ont un moyen très-simple de résoudre la question, c'est de produire les registres originaux ou leurs copies authentiquement vérifiées et certifiées ; mais pour cette opération le général Benaïad réclamerait expressément la présence et le contrôle de ses agents, qu'on a si étrangement éloignés de l'examen et de la vérification des pièces jusqu'ici produites.

Le général Benaïad prouve par ses livres que le compte en question s'élevait bien à la somme de 2,254,964 piastres ; il prouve aussi que le compte incomplet présenté par les agents tunisiens, en traduction seulement et sans être accompagné de sa pièce originale, ne contient pas tous les articles qu'il devrait embrasser, puisqu'il ne porte que le prix d'un seul collier quand il en est dû deux. Il pense donc être en droit de conclure à ce que le Comité lui adjuge la somme susdite de 2,254,964 piastres, en réservant au gouvernement de Tunis la faculté de présenter ses registres et de réduire, s'il y a lieu, la somme conformément au chiffre porté sur ces registres. Dans ces termes, le général Benaïad est certain qu'aucune réduction n'est possible; qu'il n'en sera pas effectué, et que la réserve accordée au gouvernement tunisien sera par le fait nulle et de nul effet.

N° V. — 1,243,944 PIASTRES. — FERME DES TABACS.

« Demander les reçus que les Tunisiens disent avoir des 170,000 piastres payées,
» disent-ils, à Benaïad, et la preuve que ces reçus correspondaient à cette nature de
» créances. »

Cette réclamation, relative au fond de roulement avancé par le général Benaïad à la ferme des tabacs, a été déjà expliquée et détaillée dans ses divers mémoires, et spécialement dans sa *Réponse aux questions*, etc., pages 55, 56. Les agents tunisiens, comme l'indique la question ci-dessus, prétendaient qu'une somme de 170,000 piastres avait été payée sur cette dette : le Comité leur demande la production des reçus; ils n'en ont point, et ils répondent qu'ils ne sont pas encore arrivés de Tunis. Ils n'en arriveront jamais, parce qu'ils n'existent point. En tout cas, les agents de Tunis n'ont point justifié leur prétention, et la créance du général Benaïad reste intacte au chiffre de 1,243,944 piastres.

N° VI. — 1,000,000. — MÉTALLIT ET HOTEL DE LA MONNAIE.

« 1° Demander à Benaïad la séparation de ces deux comptes, qui n'ont rien de
» commun;
» 2° Demander la pièce n° 14.
» Voir la page 43 des comptes de Benaïad relativement à Métallit.
» Touchant la Monnaie, demander les reçus promis de part et d'autre. »

Le général Benaïad s'empresse de se conformer aux ordres du Comité. Il va distinguer par conséquent et dresser à part les deux comptes, celui de la monnaie d'argent et celui du fermage des Métallit.

Le gouvernement de Tunis, ou pour parler plus catégoriquement, le kasnadar s'est appliqué plusieurs fois les sommes restées en dépôt à la monnaie d'argent pour compte du général Benaïad. Ces faits se sont reproduits après et avant le départ du général. La présente réclamation ne porte que sur les sommes prises avant le départ; les sommes prises après le départ figurent au compte et dans les pièces relatives à la banque.

Les sommes déposées à la monnaie, d'argent, par le général Benaïad, et qui avant son départ ont été employées par le kasnadar aux besoins du gouvernement, s'élèvent à piastres. 221,177 1/2

Ce solde résulte du compte original fourni par le général Benaïad au Comité, et dressé et signé par le caïd Nessim, caissier de l'hôtel de la monnaie d'argent. Cette pièce a été communiquée aux agents tunisiens; le général Benaïad ne suppose pas qu'ils aient pu la contester, et il fait remarquer qu'ils n'ont produit sur ce point aucune des pièces qu'ils ont annoncées et que le Comité leur réclame.

Ainsi le compte de la monnaie d'argent, pour les sommes prélevées par le kasnadar avant le départ du général Benaïad pour la France, est établi au crédit de ce dernier à piastres   221,177 1/2

Passons maintenant au compte du fermage des Métallit.

Le fermage des Métallit expire définitivement, suivant les conventions réciproques, en 1270.

Les produits de cet apalte jusqu'en 1262 avec ceux de l'Ouatan, de Djerbi, etc., ont été réglés par la délégation sur le Sabtab de 3,118,325 piastres. Dès lors ils sont dus de 1263 à 1270, c'est-à-dire pendant huit ans.

Le général Benaïad, dans sa *Réponse aux questions*, pages 19, 20, a présenté l'état de ses créances relatives aux produits des fermages de l'Ouatan et Djerbi, mais il n'y a pas compris la valeur des produits donnés par les Métallit.

Dans ses observations sur l'*Appendice à la troisième communication tunisienne*, le général Benaïad, conformément aux précédents, a estimé à 250,000 piastres par an la valeur des fruits de ce fermage, et il affirme que cette évaluation serait justifiée par les registres officiels si les agents tunisiens consentaient à les produire.

Sa créance pour les Métallit se compose donc des huit années de ce revenu, à 250,000 piastres par an.

Sur cette somme il y a à déduire la redevance de trois années, attendu que les comptes courants constatent qu'elle est soldée jusqu'en 1267.

Il y a à déduire encore 90,500 piastres payées par le Bey en à-compte, et entrées dans le mandat de 5,000,000 sur la ferme des cuirs.

Le compte total de cet article se résume dès lors dans les sommes suivantes :

Solde dû sur le compte de la monnaie d'argent. 221,177 1/2
Produit des fermages des Métallit.   2,000,000
A déduire, trois années de fermage à 100,000 piastres par an, la redevance primitive de 50,000 piastres ayant été portée à 100,000.   300,000
A-compte par le mandat des 5 millions.   90,500   390,500   1,609,500

TOTAL. 1,830,677 1/2

Le général Benaïad, dans son état primitif sur ses réclamations personnelles, avait coté ces créances à 1,000,000. Il n'a cessé d'affirmer dans ses divers mémoires que cette estimation était bien au-dessous de la réalité; et le fait aujourd'hui vient largement confirmer son assertion.

N° VII. — 5,000,000 DE PIASTRES. — FOURNITURES DES AGENTS DE BENAÏAD.

« Benaïad dit, dans ses réponses, qu'il a fourni des titres pour 5,715,069 piastres. — » Les demander. »

Depuis longtemps ces pièces étaient déposées dans les bureaux du contentieux ; elles y ont été récemment vérifiées et reconnues dans leur nombre par le général Khereddin.

Les teskerés reconnus après un examen attentif et définitif ont une valeur, non de 5,715,069, mais de 5,835,069 piastres.

On voit que le général Benaïad, dans ses évaluations, reste toujours au-dessous de la réalité, et qu'au moment de la vérification et de la liquidation des titres, les chiffres se trouvent toujours supérieurs à ceux qu'il a primitivement indiqués.

Toutefois le général Khereddin a élevé une difficulté ; il ne conteste ces teskerés ni dans leur quantité ni dans les objets qu'ils mentionnent ; mais il prétend que n'ayant point le tarif du gouvernement sous les yeux, et n'étant point apte à déterminer le prix des fournitures qui en sont l'objet, il ne peut reconnaître la valeur en argent que leur attribue le général Benaïad.

C'est encore un moyen dilatoire que le Comité peut déjouer facilement. Le général Benaïad atteste qu'il a donné à chacun des objets fournis sa valeur convenue, et qu'il connaît parfaitement après plus de dix ans de pratique. Mais, en adoptant les chiffres du général Benaïad, dont les agents tunisiens ne peuvent au fond se dissimuler la sincérité, le Comité, ce semble, après avoir admis le principe et la somme réclamée par le général Benaïad, pourrait toujours réserver au gouvernement de Tunis le droit de rectification et de justification pour les erreurs qu'il aurait à relever. En fait, il n'en relèvera pas.

De son côté, le général Khereddin a opposé à cette production des bons des agents de Benaïad constatant que tous les teskerés que ce dernier présente n'ont point été payés intégralement par eux.

Ces contre-teskerés se composent :

1° De 6,387 habillements confectionnés qui n'auraient point été livrés, quoique les teskerés soient produits, auxquels on oppose les bons non payés des agents du général contre lesquels les teskerés du Bey ont été échangés ;

2° Des bons semblables pour objets divers de peu d'importance, qui n'ont point été également livrés.

Ici une explication est nécessaire.

Le Bey tirait souvent sur son fournisseur de la Gorfa pour des objets de fournitures qui n'étaient pas confectionnées ou qui n'existaient pas actuellement en magasin. Les agents du général Benaïad en prenaient note immédiatement, soit pour les faire confectionner si c'étaient des objets d'habillement, soit pour se les procurer si c'étaient des objets d'équipement, ou tous autres qu'ils n'avaient pas.

Sur la présentation des teskerés, il était d'usage de les retenir néanmoins, et on délivrait au porteur un bon ou reconnaissance constatant qu'il avait remis le teskeré, mais que l'objet à fournir lui était dû. Cette déclaration était retirée lorsque la fourniture était effectuée.

Les 6,387 habillements dont il est question ici étaient dans ce cas. Les magasins ne contenaient pas cette quantité de vêtements confectionnés; il fallait donc les commander, faire attendre les porteurs ; et alors, suivant l'usage, on échangea leurs teskerés pour des contre-teskerés tels que nous les avons décrits.

Les agents du général se mirent immédiatement à l'œuvre. Les habillements furent confectionnés, déposés dans les magasins de la Gorfa. En ce moment intervint la rupture, le séquestre et leurs suites ; l'entrée de ces magasins fut fermée aux agents du général; la sortie des marchandises en fut interdite, et dès lors nécessairement les bons représentant les teskerés du Bey ne purent pas être acquittés.

Mais le général Benaïad déclare et atteste que les 6,387 habillements ci-dessus existent tout confectionnés dans les magasins de la Gorfa, et qu'ils font partie des marchandises séquestrées dont il réclame le payement dans un autre article.

Pour le second point, il s'agissait d'objets d'équipement, tels que ceinturons, épaulettes, étoffes diverses, uniformes galonnés, dont on n'avait pas les quantités demandées. On se mit en mesure de se les procurer, mais la rupture vint encore soit suspendre les achats, soit arrêter les livraisons.

Le général Benaïad évalue au maximum et il exagère la valeur totale de ces contre-teskerés à 300,000 piastres. Et comme d'un autre côté il réclame le prix des marchandises séquestrées à la Gorfa, il est juste qu'il tienne compte de ces 300,000 piastres en déduction des 5,835,069 piastres dont il a indiqué ci-dessus la justification.

Toutefois il fait réserve expresse pour que la valeur des contre-teskerés sus-mentionnés soit relevée et réglée conformément au tarif.

Cependant les agents tunisiens avaient bâti sur cette circonstance une tout autre prétention. Nous en copions les termes dans leur note lithographiée intitulée : *Réclamations de M. Benaïad.* Dans cette note, à propos du teskeré de 5,000,000 sur la ferme des cuirs, négocié à MM. Périer frères, on trouve les assertions suivantes : « Le teskeré de 5 millions a été remis à M. Benaïad en
» payement de trois comptes, comme il l'avoue lui-même, consistant en différentes fournitures
» qu'il *devait faire* pour le service du gouvernement, et contre des teskerés de Son Altesse; tes-
» kerés que M. Benaïad prenait des mains des porteurs, *en leur donnant en échange des teskerés*
» *signés par lui ou par ses agents.*

» Une fois que M. Benaïad *a eu régularisé ses comptes avec le gouvernement* et pris en payement
» cette délégation, ses agents, *par son ordre, se refusèrent obstinément d'acquitter les teskerés signés*
» *par lui* ou par ses agents, par conséquent les porteurs se trouvèrent obligés de rapporter les tes-
» kerés à Son Altesse, en lui déclarant ce que l'on vient de lire plus haut. *Son Altesse ayant eu*
» *connaissance de ce qui s'était passé,* a ordonné de suspendre le payement de cette délégation
» *jusqu'à ce que l'on eût fait le compte de tous les teskerés* passés dans les comptes de M. Benaïad
» avec le gouvernement, et non acquittés par ce premier, pour les déduire du capital.

» Ainsi, en admettant que le transport allégué par M. Benaïad comme fait à la maison Périer
» frères soit réel et sérieux, Son Altesse ne pourrait évidemment être tenue à en subir l'exécu-
» tion dès lors que le cédant n'a pas rempli les obligations auxquelles étaient attachées les conces-
» sions qui ont été l'objet de son transport. Ainsi que nous l'avons déjà dit, il est de principe
» incontestable que le cédant ne peut transporter à son cessionnaire que les droits qu'il a lui même.
» Or, M. Benaïad a été déchu de ceux qui lui ont été accordés par le teskeré de Son Altesse, *en*
» *ne remplissant pas les obligations qui s'y rattachaient.* »

Rien de plus net et de plus explicite que cette accusation.

Le général Benaïad, après avoir retiré des mains des porteurs les teskerés réglés par le mandat sur la ferme des cuirs, après avoir obtenu l'obligation du Bey pour le prix de ces mêmes teskerés, aurait donné des ordres à ses agents pour se refuser obstinément à délivrer aux intéressés les objets qui leur étaient dus. C'eût été là certainement un acte aussi odieux qu'inexcusable. Le général Benaïad se souleva contre cette imputation. Selon lui, elle n'était qu'une calomnie destinée à colorer un refus de payement sans excuse. Il affirma que tous les teskerés relatifs aux comptes réglés jusqu'au jour de la signature du mandat au porteur avaient été absolument, intégralement acquittés par lui ou par ses agents. Il porta aux agents tunisiens le défi de produire un seul des contre-teskerés dont on argumentait.

Plus tard, il tenait le Comité en garde contre une confusion qu'il prévoyait ; il lui faisait remarquer qu'il ne fallait point confondre entre les teskerés réglés par le mandat au porteur et les teskerés tirés depuis cette époque et dont le compte n'était point encore arrêté. Pour ceux-ci, en effet, il devait exister, quoiqu'en nombre restreint, une certaine quantité de teskerés dont une partie ou le tout n'avait pas été versé par suite des événements intervenus à Tunis après la clôture violente de la Banque. Mais cette circonstance n'avait rien de commun avec les règlements antérieurs soldés par le mandat de 5,000,000.

Le général Benaïad doit constater aujourd'hui, sur les pièces tunisiennes elles-mêmes, que le gouvernement lui fournit la double preuve et de ses propres assertions, et du mensonge du prétexte calomnieux sur lequel on cherchait à échapper au payement de l'obligation négociée à MM. Périer frères.

Tous les contre-teskerés relatifs à l'habillement, qui forment la presque totalité de la somme revendiquée, ou 270,000 piastres sur 300,000, sont datés, comme les teskerés eux-mêmes, de 1269. Ils n'ont donc rien de commun avec les règlements accomplis en 1267. Quant aux contre-teskerés représentés par les 30,000 piastres restantes, chacun d'eux correspond à un teskeré du Bey faisant partie des 5,835,069 piastres, produits et réclamés par le général Benaïad depuis le solde arrêté en 1267.

Les agents tunisiens n'ont donc pas fourni une seule pièce tendant à justifier leur allégation que le général Benaïad avait tenté de faire une sorte de banqueroute au Bey, en lui faisant souscrire une obligation et en refusant ensuite d'en payer la valeur.

C'était encore là une de ces inventions se rattachant à ce système de diffamation combinée dans le but de détruire le droit du général Benaïad, ou au moins de le déconsidérer en accumulant sur lui toutes sortes de dols et de fraudes. — Une fois de plus la manœuvre retombe sur ses auteurs, et les agents tunisiens sont encore convaincus de n'avoir, en articulant cette allégation, exprimé qu'une calomnie.

N° VIII. — 865,000 PIASTRES. — PRIX DE 35,000 MÉTAUX D'HUILE.

« Demander les pièces annoncées par les réponses de Tunis aux questions de la Com-
» mission, et la pièce n° 49. Revoir la décision déjà prise par la Commission touchant
» les huiles. »

Sur ce point le général Benaïad n'a qu'à se référer aux observations et aux réserves qu'il a consignées dans ses *Réponses aux questions*, etc., etc., p. 57.

Il fait observer en même temps que les agents tunisiens n'ont produit, quant aux pièces qui leur sont demandées, que celle qu'on ne leur demandait pas, la copie du compte en huile du 5 rebi-el-tani 1268, dont l'original a été depuis longtemps fourni par le général Benaïad, et qui a dû être le pivot de la discussion relative au compte général des huiles.

Le général Benaïad croit utile de rappeler encore ici que ces 35,000 métaux d'huile sont indépendants des quantités qu'il réclame (*Réponse aux questions*, p. 17) pour le fermage secret de Biserte et (page 20) pour les dîmes d'huile d'Ouatan, perçues pendant quatre années par Mahomet Aly, agent du Bey.

Ces 35,000 métaux d'huile se décomposent ainsi :

Métaux. 17,637 » 1/4	Pour solde du compte du 5 rebi-el-tani 1268, sur lequel il ne peut pas exister de difficulté.	
— 16,046 2 3/4	Teskerés produits par le général Benaïad pour fournitures depuis 1268, et que le général Khereddin a vérifiés.	
Métaux. 33,683 3 sâas,	Total du solde actuellement justifié.	
— 1,400 »	Environ, pour lesquels le général Benaïad a déjà exprimé ses réserves, et dont les teskerés sont arrêtés entre les mains de ses agents par le gouverneur tunisien.	
Métaux. 35,083 3 sâas.		

N° IX. — 3,624,175 PIASTRES. — PRIX DE 11,000 CAFFIS DE BLÉ ET DE 26,000 CAFFIS D'ORGE.

« Revoir le travail de la Commission touchant les céréales.

» Demander à Benaïad les teskerés qu'il avait remis à Si-Boukris, et qui sont actuel-
» lement entre ses mains. »

Le général Benaïad divisera sa réponse en deux paragraphes : l'un pour le compte de blé, l'autre pour le compte d'orge.

§ I. *Compte en blé.*

Mahmoud Benaïad a présenté au général Khereddin un état de son crédit en blé depuis le dernier compte réglé en 1266 jusqu'à ce jour, s'élevant à un total de caffis. . . . 46,868   9   5 1/2

Cette somme se décompose ainsi :

1° Listes de divers teskerés portant livraison de blé, bourgol, galette, biscuit, couscoussou, etc. . . . . Caffis. . . 27,307 13   5 1/2

Plus, en quatre articles justifiés ensuite.   1,640   9

Total. 28,948   6   5 1/2

4

Report. 28,948 6 5 1/2

Tous les teskerés relatifs à cette somme ont été produits; le général Khered-din les a admis, sauf une certaine quantité d'entre eux formant un total de caffis 1,727 6 6.

Ces fournitures non admises concernent les approvisionnements des forts de Biserte, de Tabarka, en blé et en galette; elles ne figurent sur aucun des comptes précédents; elles ne peuvent donc pas être sérieusement contestées.

2° Fournitures faites aux boulangeries de Dabdaba, de la Mahomédie, de Halk-el-Ouad, du Bardo, en quatre articles. . . . .   8,305 » »

Le général Khereddin a reconnu que ces teskerés étaient réguliers; il ne conteste que l'évaluation du rendement opéré par le général Benaïad au taux de l'amra du Bey de 1264; il prétend les régler, au contraire, au taux indiqué par la *Note explicative.*

3° Fournitures aux boulangeries de Halk-el-Ouad et du Bardo en deux articles montant ensemble à caffis . . . .   2,615 » »

Les teskerés relatifs à ces versements ne sont point fournis par le général Benaïad. La raison en est simple. Le gouvernement de Tunis, après sa rupture, a défendu aux agents du général au pouvoir desquels ils se trouvent de les lui remettre, et les a séquestrés entre leurs mains. Le général Benaïad a chargé son représentant à Tunis, M. Mercier, de réclamer ces pièces ou d'en constater le refus par-devant le consul de France. En conséquence, il a fait appeler au Consulat les deux individus détenteurs de ces teskerés : Aly Djilani pour la boulangerie du Bardo, El-Moaoui pour la boulangerie de la Goulette (Halk-el-Ouad). Voici leurs réponses extraites du procès-verbal de M. Roche, consul général, en date du 15 septembre 1855 :

« DJILANI. D. Avez-vous des titres relatifs aux affaires existantes entre Son » Altesse le Bey et le général Mahmoud Benaïad ?

» R. J'ai des teskerés du Bey en faveur de Mahmoud Benaïad, en contre-» valeur desquels j'ai dû donner dans le temps des délégations à des tiers.....
» Que ces délégations me soient rendues, et je restituerai à Mahmoud Benaïad » les teskerés qu'il me réclame.

» Interrogé sur la question de savoir s'il voulait représenter à M. le consul » général les originaux des teskerés qu'il a en main pour qu'il en fût pris » des copies, il a répondu qu'il n'y consentirait qu'autant que le Bey l'y » contraindrait. »

Le général Benaïad n'a pas besoin d'indiquer d'où venaient ces résistances à des demandes aussi justes; il ne veut que prouver ici que les teskerés existent, et que s'il ne les présente pas ce n'est que par une circonstance de force majeure indépendante de sa volonté.

» ALY-EL-MAAOUY. D. Êtes-vous détenteur des teskerés du Bardo, de la » Goulette et autres lieux ?

A reporter. 39,868 6 5 1/2

Report. 39,868 6 5 1/2

» R. J'ai par devers moi *une partie* des teskerés qui se trouvaient entre les
» mains de l'oukil de la Goulette. Je ne fais aucune difficulté de les remettre
» en échange d'une décharge. *Le reste* de ces teskerés est peut-être resté
» entre les mains de l'oukil qui est mort, mais je ne l'affirme pas. Quant
» aux teskerés de la boulangerie du Bardo que j'avais entre les mains, sur
» l'ordre écrit que j'en reçus de Sidi Mahmoud, j'en fis la remise à M. Mer-
» cier fils, par l'entremise de Hadj Hattab. M. Mercier m'en délivra une dé-
» charge. Je n'ai point d'autres pièces relatives à Sidi Mahmoud, que celles
» relatives à la boulangerie de la Goulette, et dont j'ai parlé plus haut. »

Les teskerés rendus par El Maaouy figurent dans l'état présenté au général
Khereddin ; mais le Comité voit que Djilani s'est refusé à restituer ceux qui
étaient en son pouvoir, et que d'autres sont restés déposés chez le directeur
de la Goulette. Ce sont ces teskerés que, faute d'indication précise, le général
Benaïad a évalués pour les deux boulangeries à 2,605 caffis. Qu'on rétablisse
la sécurité et la liberté de ses rapports avec ses agents, et il prouvera alors
que cette évaluation n'excède en rien la réalité.

4° Montant des teskerés pour blé, biscuits et galettes, tirés par le Bey sur
la Rabta, séquestrés dans cet établissement, et saisie des approvisionnements de biscuit, farine et blé existant, tant à la Rabta que dans les magasins du général, à l'époque où le gouvernement de Tunis s'empara de cette
administration, caffis. . . . .   5,000 » »

Le service de l'alimentation des troupes est nécessairement un service
journalier ; chaque jour, par conséquent, le Bey tirait des teskerés, tant en
blé qu'en pain, etc., sur les agents du général Benaïad. Ces teskerés res-
taient aux mains de ceux que le général Benaïad chargeait de les exécuter.
Ils ont été également séquestrés. Pour le même service il y avait des approvisionnements en blé à la Rabta, en farine, en biscuits, etc., dans divers
magasins ; on a séquestré et saisi tout cela : et la représentation de toutes ces
provisions est certainement évaluée très-médiocrement au taux de 5,000 caffis.

5° Arriérés approximatifs pendant les deux années 1267 et 1268, caffis. .   2,000 » »

Ce chiffre ne peut être définitivement réglé que par la production des registres de la Rabta, signés par le Bey, et dont on s'est également saisi.

Total. 46,868 6 5 1/2

crédit en blé du général Benaïad jusqu'à ce jour.

Après le crédit, voici le débit :

Perceptions détaillées dans les vingt-trois premiers articles des comptes tunisiens pour les années
1267 et 1268, avec l'augmentation du quart, caffis. 8,324 14 1

Dans sa *Note sur la sixième communication des agents tunisiens*, page 84, le général Benaïad a reconnu ce chiffre. Mais en présence des difficultés qu'on lui

A reporter. 8,324 14 1

Report. 8,324 14 1

oppose, pour la reconnaissance soit d'une partie des teskerés qu'il a présentés, soit pour ceux que l'intimidation retient à Tunis entre les mains de ses agents, il ne peut persister dans cette acceptation que sous une réserve expresse.

Ces recettes ont servi à nourrir l'armée et les serviteurs du Bey pendant les deux années susdites. Or, pendant qu'on les porte à son débit, on lui en conteste en même temps la dépense, et on empêche ses agents de lui fournir les moyens de la justifier. Dans ce cas, il n'a qu'une chose à faire : ses agents, à la fois, ont reçu et ont versé. Puisque, par le fait du gouvernement de Tunis, ils ne veulent point rendre leurs comptes et leurs pièces au général Benaïad, celui-ci déclare qu'il ne peut accepter une situation semblable, et qu'il renvoie, pour la responsabilité et le compte des recettes, à ceux qui les ont opérées, puisqu'ils ne veulent fournir la justification de la dépense qu'autant qu'ils en auront la licence du gouvernement tunisien.

Blé d'achat suivant l'amra du 12 sfar 1268, caffis. . . . .   15,000 » »

Solde du dernier compte réglé aux termes du teskeré de redjeb 1267. . . .   11,071 4 11

Total. . . . . .   34,396 3 »

Ici le général Benaïad doit redresser une erreur grave qui s'est introduite dans son compte figurant dans la note ci-dessus mentionnée, page 81.

Sur ce débit de 34,396 3 », il a porté en déduction les arriérés de 1266 sur les agriculteurs, montant à caffis 11,803 11 10. Cette déduction ne doit pas être opérée, par la raison que si, d'un côté, les arriérés dus par les agriculteurs sont portés à la recette, de l'autre, tous les arriérés perçus ou à percevoir dans le courant de ce même exercice sont portés aux versements. Ce compte des arriérés est donc déjà régularisé, et il n'y a pas lieu à le déduire du débit ci-dessus.

Dès lors le crédit et le débit se trouvant également établis :

Le crédit du général Benaïad à. 46,868 6 5 1/2

Son débit à. . . . .   34,396 3 »

Le solde dû au général Benaïad reste fixé à caffis. 12,472 3 5 1/2

A 150 piastres le caffis, les 12,472 caffis 3 5 1/2 forment la somme de piastres. . . . .   1,870,832 »

D'après l'amra de fermage des boulangeries, en date du 27 hedja 1263, et dont la traduction a été donnée par le général Benaïad, dans son Dernier mot, page 84, pièce justificative n° 17, les frais de fabrication des boulangeries sont mis à la charge du gouvernement en ces termes :

« Quant aux frais de fabrication du couscoussou, de la pâte et du froment pilé, le gouverne-
» ment les payera comme d'habitude, ainsi que les frais de la fabrication du pain et de l'entretien
» des moulins, qui sont également à la charge du gouvernement.

» Quant à la boulangerie de Halk-el-Aouad, il (Benaïad) recevra du gouvernement 10 piastres
» pour chaque caffis qu'il y aura employé à fabriquer du pain pour les soldats, et il recevra
» 2 piastres 1/2 pour chaque caffis qu'il y aura employé à faire du pain pour l'arsenal. »

Le pain désigné comme destiné à l'arsenal sert aux rations des forçats; cette fourniture est peu importante. La presque totalité de la fabrication de Halk-el-Aouad (la Goulette) concerne une portion de l'approvisionnement des troupes.

Nous venons d'établir que le prix dû pour cette fabrication est de 10 piastres par caffis. Les frais de fabrication dans les autres boulangeries sont, d'après l'amra, payables « comme d'habitude ». Tous les comptes précédents déjà fournis au Comité fixent ce prix à 15 piastres.

Ainsi le général Benaïad aura encore à ajouter à la somme ci-dessus :

15 piastres par caffis pour le blé employé à la boulangerie du Bardo, etc.

10 piastres par caffis pour le blé employé à la Goulette, sauf la petite quantité qui aurait servi à fabriquer les rations pour l'arsenal, fixée à 2 piastres 1/2.

Il est du devoir du général Benaïad de faire observer en même temps que ce compte est susceptible des réductions dont le gouvernement de Tunis aura à justifier pour les causes suivantes :

1° Le prélèvement du boni de 20 pour 100 sur les versements en mesure rase, qui n'aurait pas été déjà effectué lors du versement lui-même;

2° Les recettes qui auraient été faites par ses agents sur les dîmes recueillies par les percepteurs indépendants de la Rabta, et qui en ont retiré des récépissés en règle. C'es sur ces récépissés uniquement qu'on pourra relever les quantités reçues.

Enfin, un règlement définitif devra être opéré sur les arriérés restés aux mains des agriculteurs pour les années 1267 et 1268. Ce règlement seul pourra déterminer si l'évaluation approximative qu'en a donnée le général Benaïad est trop forte ou trop faible.

§ II. Compte en orge.

Le général Benaïad a présenté au général Khereddin l'état de son crédit en orge s'élevant en total à caffis. 59,355 13 11 1/2

Sur cette quantité, le général Khereddin n'élève aucune difficulté sur un nombre de teskerés signés du Bey et montant ensemble à caffis 32,733 5 8 1/2

Il reconnaît en outre une autre série de teskerés du Bey montant à . . . 455 10 5

Total. 33,189 0 1 1/2

Il a refusé d'admettre, sans en dire la raison, une autre quantité de teskerés, également signés par le Bey, montant à 171 10 8

Il refuse d'admettre également, non d'une manière définitive, mais jusqu'à plus ample information, les sommes suivantes justifiées par la déclaration ou les reçus de l'écrivain en chef dè l'Alfa constatant que ce fonctionnaire a les teskerés du Bey entre ses mains, ensemble. 18,648 11 8

Versements d'orge aux forts de Tabarka et Biserte . . 326 7 6

19,146 13 10

A reporter. 52,335 13 11 1/2

Report 52,335 13 11 1/2

Mais pour toutes ces quantités, le général Benaïad présentant soit des teskerés, soit des reçus, soit les justifications conformes à l'usage, ne peut pas s'arrêter aux fins dilatoires de non-recevoir du général Khereddin.

Ce dernier rejette d'une manière moins hésitante un autre article montant à : caffis. 4,000

Cet article est formé par les teskerés séquestrés aux mains du général Benaïad au moment où le gouvernement s'est emparé de l'administration de l'Alfa comme de celle de la Rabta, et des approvisionnements que les magasins contenaient lors de cette prise de possession. Ou le gouvernement tunisien doit compte de ce double article et ne doit pas empêcher les agents du général Benaïad de lui remettre les pièces justificatives de leurs versements, ou bien il doit se résigner comme pour la Rabta à ce que le général décline toute responsabilité dans les recettes, puisqu'on lui enlève la possibilité de justifier les dépenses de ceux qui ont opéré ces recettes.

Enfin le dernier article écarté par le général Khereddin est l'évaluation approximative des arriérés sur les agriculteurs portés à caffis 3,000

Le gouvernement tunisien peut seul donner à cette approximation son caractère réel et définitif. Cette preuve, elle le concerne et ne peut concerner que lui, puisqu'il lui a plu de s'emparer de tous les livres de l'Alfa. Jusque-là le général Benaïad maintient son chiffre, sous toute réserve d'obtenir la production des registres et des comptes originaux du Bey.

Total du crédit en orge du général Benaïad. 59,335 13 11 1/2

Aux termes du compte fourni par Benaïad dans sa Note sur la sixième communication des agents tunisiens, page 84, le débit se compose de. . . . 33,199 5 5 1/2

Le général Benaïad en même temps rectifie l'erreur par laquelle, comme au compte en blé, il avait porté en déduction de cette somme les arriérés sur les agriculteurs ou caffis 22,213 1 3, ce qui avait réduit le débit net à 10,986 4 2 1/2. Comme pour le compte en blé les arriérés avaient été en effet définitivement réglés tant en recettes qu'en dépenses

Crédit net en orge du général Benaïad à ce jour 26,136 8 6 0

Caffis : 26,136 8 6, font en espèces à 75 piastres le caffis, 1,960,241.

Le paragraphe 1er, compte en blé, forme net au crédit du général Benaïad une somme de 1,870,832

Le paragraphe 2, compte d'orge. 1,960,241

TOTAL. 3,831,070

Évaluation approximative des frais de fabrication dans les boulangeries pendant les années 1267 et 1268. Piastres 160,000

Total de la réclamation du général Benaïad pour solde de ses comptes de la Rabta, de la Koucha et de l'Alfa. Piastres. 3,991,073

Nᵒ X. — 2,000,000 DE PIASTRES AU *MINIMUM*. — FERME DES CUIRS ET DES TABACS.

« Demander les registres mentionnés par les Tunisiens, et à Benaïad les livres qu'il
» prétend avoir.

» Demander à Benaïad la preuve de l'exploitation des fermages par les agents du gou-
» vernement. »

Le général a depuis longtemps déposé à la sous-direction du contentieux les livres qu'on lui
réclame avec les traductions afférentes aux objets en question. Ils ont été portés à la connaissance
des agents tunisiens dans l'appendice à la troisième communication.

Quant au fait de la perception des revenus de ces fermes par les agents du Bey, il résulte des
conditions mêmes imposées au fermage par l'amra de concession. Il y est stipulé en effet que, ce
fermage devant rester secret pour le public, rien ne sera changé à l'extérieur de l'administration,
et que les agents du Bey percevront les revenus comme s'il n'y avait pas de fermage, sauf à en
rendre compte au fermier réel et secret.

En outre, les agents tunisiens ne contestent point que leur gouvernement n'ait à rendre compte
de ces produits. Ils en conviennent dans leurs écrits; ils présentent même les comptes destinés,
selon eux, à régler cette dette. La perception de ces revenus par les agents du Bey reste donc
avouée et reconnue par tout le monde.

Dans l'état de ses réclamations personnelles, le général Benaïad portait cette créance à 2 millions; mais il déclarait en même temps que c'était là un chiffre purement approximatif. Dans sa
discussion *relative à l'appendice à la troisième communication*, il a établi les chiffres exacts et défi-
nitifs; et comme cette discussion a détaillé et épuisé le débat sur ce point, et qu'elle venait à
propos des réclamations du Bey, le général Benaïad croit utile de la replacer aujourd'hui par l'im-
pression sous les yeux du Comité, d'autant plus que jusqu'ici elle était restée manuscrite, et
qu'après l'avoir reproduite, le général Benaïad ne voit rien à ajouter.

« REVENUS DE LA FERME DES TABACS. »

« Semblablement aux pièces relatives à la monnaie d'argent, le prétendu compte établissant les
revenus de la ferme des tabacs est dénué de toutes les formalités qui peuvent le faire accueillir
comme une pièce sérieuse. Nous comprenons les raisons qui ont entraîné les agents tunisiens à cet
oubli des règles qui leur ont été imposées par le Comité, et cette raison, la voici :

» CE COMPTE EST FABRIQUÉ, CETTE PIÈCE EST FAUSSE.

» La preuve n'en sera ni longue ni difficile. La pièce tunisienne porte le revenu de la ferme des
tabacs au total d'un produit brut de 1,490,361.

» Au moyen des diverses déductions qu'elle indique et du prélèvement du prix d'un million pour
le fermage de l'année, elle réduit le total net du revenu au chiffre très-modeste de 5,647 piastres.

» Malheureusement encore une fois la falsification s'est prise dans ses propres filets.

» Nous allons démontrer incontestablement, par ses chiffres et les pièces officielles, que ce prétendu revenu de 1,490,361 piastres est une fiction, un piége tendu à la bonne foi et à la religion du Comité.

» En effet, dans la même pièce, on constate les quantités de tabac achetées dans l'année par le directeur de la ferme, et la somme s'en élève à . . . . 496,311 piastres.

» Les tabacs laissés dans la ferme des tabacs, suivant les reçus du directeur, entre les mains de Djilani, et le compte original ci-joint dressé sur l'ordre du kasnadar par Mohammed-el-Bagy, écrivain du Bey, et le kaïd Schloum Semama, caissier du Bey, constatent que ces restes s'élevaient aux sommes suivantes :

150,192 piastres.

56,330

5,695

16,358

228,575 piastres.   Report.   228,575

» Total du prix des tabacs existant dans l'année à la ferme. . .   724,886 piastres.

» Sur cette somme, les agents tunisiens déclarent qu'il restait invendu à la fin de l'exercice pour *environ*   200,000

» Les tabacs vendus dans l'année par la ferme s'élèvent donc à un prix d'achat de . . . .   524,886 piastres.

» Sur cette donnée authentique et positive, il ne sera pas difficile de reconnaître le produit de la vente, si nous pouvons découvrir et le taux du prix de l'achat, et le taux du prix de la vente. Or, le prix d'achat et le prix de vente sont fixés à la fois par l'amra de concession lui-même de la ferme des tabacs.

» Cet amra détermine à quel prix la ferme devra acheter les tabacs aux producteurs, et à quel prix elle devra les livrer aux consommateurs.

» L'original de l'amra lui-même avec sa traduction est placé sous les yeux du Comité. Les prix en sont divers nécessairement, suivant la qualité des tabacs. Ce tarif d'achat et de vente forme un tableau de dix-huit articles. Pour les détails, le Comité est prié de se reporter à l'original lui-même. Mais des deux chiffres comparatifs du tableau il résulte que, pour un achat égal de toutes les qualités s'élevant à 1,156 piastres, le produit de la vente doit être de 6,100 piastres.

» Nous avons maintenant tous les termes du problème à résoudre. La ferme des tabacs, dans l'année en question, a vendu une quantité de tabac égale à un prix d'achat de 524,886, et cette vente a dû produire un bénéfice dans la proportion de 1,156 à 6,100 piastres.

» Dès lors le calcul se borne à la plus simple opération arithmétique. Cette opération donne les résultats suivants :

» Les 524,886, prix d'achat, ont donné au prix de vente un produit total de . . . .   2,769,727 piastres.

» Les agents tunisiens, comme on l'a vu, portent ce produit à   1,490,361

» Différence au détriment du général Benaïad, et au moyen d'une falsification évidente. . . . .   1,279,366 piastres.

» Les agents tunisiens n'ont ni prétexte ni excuse pour une altération aussi grave. Ils possèdent, comme le général Benaïad, l'amra de concession du fermage; ils connaissent les quantités achetées, ils ne peuvent point ne pas connaître les quantités précédemment existantes en magasin; ils ont tous les comptes et tous les livres de l'administration des tabacs. Dès lors leurs pièces produites présentent un caractère qu'on laisse à qualifier à la conscience du Comité.

» Ce n'est pas tout : sur ce prétendu produit brut de 1,490,361 piastres, les agents tunisiens opèrent en divers articles une déduction s'élevant en total à 634,714 piastres.

» Sur ces divers articles, le général Benaïad n'en reconnaît qu'un seul, c'est celui de 496,311 piastres employées à l'achat des tabacs, sur lesquels il est resté en magasin pour 200,000 piastres de marchandises, ce qui réduit la somme à son débit à 296,311 piastres.

» Quant aux autres articles composés de deux natures de dépenses, frais de fabrication et d'administration d'un côté, frais de construction et d'ameublement de l'autre, le général Benaïad les rejette absolument par les motifs ci-après.

» Les frais de fabrication et d'administration sont à la charge du Bey et compris dans le prix de fermage. Cette stipulation, il est vrai, n'est point mentionnée dans l'amra de concession, mais elle existe. Cette dépense avait été même arrêtée à forfait avec le Bey, au prix de 150,000 piastres par an; et la commission n'a qu'à ouvrir les comptes du général Benaïad avec le Bey pour s'assurer que cette somme était annuellement portée au débit du prince pour cette dépense. Le général Benaïad ne doit donc rien de ce côté, à moins que le Bey ne veuille en même temps payer les 150,000 piastres.

» Il n'y a qu'un mot à dire sur les dépenses relatives à des constructions et à l'ameublement.

» Quant aux constructions, les bâtiments ne sont point la propriété du général Benaïad; ils appartiennent au domaine : le Bey les a toujours fait réparer à ses frais, et puis il a voulu faire ériger une construction nouvelle et uniquement de luxe. Il est par trop excessif de placer cette dépense au compte du général Benaïad.

» Il en est de même pour les ameublements. Le général Benaïad n'a participé en rien à cet achat. Comment le gouvernement tunisien pourrait-il l'avoir fait pour son compte sans le prévenir et sans le consulter? De plus, si le général Benaïad devait payer ces meubles, au moins lui appartiendraient-ils, et, s'ils lui appartiennent, de quel droit le gouvernement tunisien en jouit-il?

» Il y a encore dans le compte de Tunis un dernier article susceptible en lui-même non d'un rejet radical, mais d'une forte réduction. Il s'agit du traitement du directeur de la ferme, porté à 50,000 piastres. Il n'est que de 10,000 piastres, et il fait partie des frais d'administration représentés par les 150,000 piastres allouées par le Bey.

» Il reste au général Benaïad à dresser le compte des revenus de la ferme des tabacs sur les éléments eux-mêmes que fournissent les agents tunisiens et avec les rectifications qu'ils comportent. Ce compte, le voici :

» Produit de la vente des tabacs d'après les évaluations et les chiffres précédemment présentés. . . . . 2,769,727 piastres.

» A déduire :

» Prix d'achat du tabac, moins la somme restée en magasin . . . . piastres 296,311 ⎫
» Prix du fermage pour l'année. . . . . 1,000,000 ⎬ 1,296,311

» Total net du produit de la ferme pendant une année. . . . . 1,473,416 piastres.

» Le général Benaïad, dans l'état général de ses réclamations, avait porté celle-ci pour un million de piastres. Dans sa *Réponse aux questions*, il déclarait : que la somme d'un million était *le mini-* » *mum de bénéfices possibles sur ce fermage.* » Aujourd'hui cette affirmation est complétement justifiée par les chiffres eux-mêmes empruntés aux agents de Tunis, puisque désormais il est constaté par ces chiffres que le produit réel est de 1,473,416 piastres.

» Le général Benaïad n'avait pu jusqu'ici donner que des chiffres approximatifs et de simples évaluations, parce qu'il n'avait pas les comptes de l'année qu'il s'agissait de régler. L'évaluation qu'il a fournie était celle de l'année précédente; mais aujourd'hui les positions respectives sont bien fixées, puisque, par les chiffres que reconnaissent les agents tunisiens, la quantité de tabac vendu dans l'année reste déterminée, et que le produit de ces ventes résulte forcément des prix fixés par l'amra de concession. »

« REVENUS DE LA FERME DES CUIRS. »

» La pièce produite par les agents tunisiens sur ce point est, comme les autres, dénuée de toute valeur et de toute authenticité. Le général Benaïad ajoute que si elle ne mérite aucune confiance par sa forme, elle en mérite encore moins par son fonds.

» D'abord, il faut rappeler que le général Benaïad réclamait les comptes de ces revenus pour deux années 1267 et 1268 (*Réponse à la Note tunisienne*, etc., p. 30-34). Pour l'année 1267 à 1268, il reconnaissait avoir perçu lui-même les produits pendant cent vingt-deux jours, et il se déclarait prêt à tenir compte au gouvernement tunisien de 3,000,000 de piastres pour les deux années de fermage, à condition que celui-ci lui tiendrait compte lui-même des produits de la ferme pour les derniers huit mois de la première année (1267-68), et la totalité de la seconde (1268-69).

» Les agents tunisiens ont donc à produire le revenu de la ferme des cuirs pour vingt mois; ils ne le donnent que pour un an. Pour cette année elle-même leur pièce n'est qu'un tissu d'inexactitudes et d'altérations de la vérité que le général Benaïad rejette absolument.

» Un compte de cette nature, pour avoir quelque autorité, devait être détaillé et non jeté d'un chiffre en bloc, tant sur les recettes que pour les dépenses. Le monopole des cuirs s'exerce sur toute la surface de la Régence. On porte les peaux à Tunis, elles y sont préparées, et une partie se réexpédie ensuite sur les dépôts que possède la ferme dans les divers centres de population. Ces dépôts fournissent chacun leur compte. Il y a divers sous-affermages; il comprend encore les droits sur la laine, sur la vente des bestiaux, etc. C'est donc une comptabilité tout entière et des détails nécessaires dont l'ensemble ne peut point se fournir en une ligne. Le revenu indiqué par la pièce produite est une dérision. Le général Benaïad affirme que ses chiffres sont encore plus faux que ceux de la ferme des tabacs. Il a fourni déjà l'original des revenus de l'année précédente ; et comme les agents tunisiens se refusent à produire les livres originaux pour les deux années à régler, le général Benaïad est contraint de solliciter le règlement des revenus sur cette évaluation, qui a du moins le mérite d'être certaine. Et, dans ses productions précédentes, il en a déjà fixé le chiffre à 2,109,350 piastres net pour les deux ans. Mais comme le général a joui lui-même des fruits de la ferme pendant quatre mois, il faut de ce chiffre déduire un sixième, ce qui le réduit à . . . . 1,757,792 piastres. »

Les revenus réclamés par le général Benaïad pour les deux fermes des tabacs et des cuirs s'élèvent donc, le prix des fermages déduit,

Ferme des tabacs. . . . . 1,473,416 piastres.
—   cuirs. 1,757,792

Total. . . . . 3,231,208 piastres.

N° XI. — 5,000,000 PIASTRES POUR DÉTÉRIORATION D'EFFETS EMMAGASINÉS.

« Savoir par le consul général ce qu'il y a de vrai dans les assertions de Benaïad à ce
» sujet. »

Le fait du séquestre de ces marchandises n'est pas contestable : les preuves surabondent; elles
ont été indiquées dans les *Réponses aux questions* du général Benaïad, pages 59 et 60. Il résulte
de trois lettres d'Hamida, il résulte de la protestation de M. Le Lasseur, constatant que non-seule-
ment on n'a pas voulu lui livrer ces marchandises, mais qu'encore on ne lui a pas permis d'en
dresser l'inventaire ni de leur donner les quelques soins nécessaires à leur conservation.

Au bout de trois ans, elles sont dans un état incontestable de dégradation et de vétusté; elles
n'avaient été achetées et accumulées que pour subvenir aux besoins du gouvernement de Tunis,
pour exécuter les contrats qu'il avait passés avec le général Benaïad. Ces contrats ont été violés et
rompus; les marchandises sont restées sans emploi par la faute et la violence du gouvernement;
elles ont perdu par la négligence du séquestrateur et par le temps la plus grande partie de leur
valeur. Le général Benaïad avait même demandé, pour en sauver quelques débris, qu'elles fussent
vendues pour le compte de qui il appartiendrait; mais fussent-elles en bon état de conservation, à
quoi pourraient-elles lui servir aujourd'hui? Si les contrats eussent été observés, elles seraient
écoulées; le fournisseur eût réalisé son capital, et recueilli de plus un bénéfice. Maintenant le général Benaïad n'a plus l'emploi de tout cet approvisionnement; tout le dommage résulte de la
rupture ou de la suspension des obligations contractées: cette rupture est le fait violent et illégitime
du gouvernement tunisien; il en est responsable, il en doit subir toutes les conséquences, et le
général Benaïad ose insister pour que ces marchandises soient laissées au compte du gouvernement de Tunis, condamné en même temps à en rembourser la valeur.

N° XII. — 1,500,000 PIASTRES. — INDEMNITÉ AU SUJET DE LA MONNAIE DE CUIVRE.

« Revoir les procès-verbaux de la Commission à ce sujet. »

Le général Benaïad n'a qu'à se référer à ses observations précédentes sur cet article, en rappe-
lant qu'il a déjà produit toutes les pièces justificatives qui y sont relatives.

N° XIII. — 10,000,000 DE PIASTRES AU *MINIMUM* POUR CRÉANCES INFRUCTUEUSES PAR LES ORDRES DU GOUVERNEMENT TUNISIEN.

« Demander à Benaïad les titres de celles de ses créances qu'il prétend perçues par le
» gouvernement tunisien, et la preuve qu'il les a perçues.

» Les demandes sont réduites à **10,000,000** de piastres, et, d'après l'état que Benaïad
» fournit, elles s'élèvent à **15,900,000** piastres. »

Sur la dernière observation qui vient d'être transcrite, le général Benaïad a déjà eu l'honneur
d'expliquer, et il répète, que les titres des créances dont il réclame le payement s'élèvent à
15,900,000 piastres; mais que divers à-compte ont été versés par les débiteurs; que le général
Benaïad n'en connaît point le chiffre exact, parce qu'on sait que le gouvernement de Tunis
empêche ses agents de lui rendre leurs comptes, et il a réduit le chiffre net de ces 15,900,000
piastres à la somme ronde de 10,000,000, afin de faire la plus large part possible aux rembourse-
ments partiellement opérés.

Le général Benaïad a également présenté l'état de la totalité de ces créances; il l'a accompagné
des titres originaux, moins une très-faible partie retenue à Tunis entre les mains de ses agents.

On demande au général Benaïad la preuve que certaines de ces créances ont été perçues par le
gouvernement du Bey. Cette preuve, il ne peut la posséder par la nature même des choses. Il est
certain que le gouvernement de Tunis a forcé plusieurs des créanciers du général Benaïad à lui
verser le montant de leurs dettes envers ce dernier : il citera, entre autres, le négociant Tapia,
auquel il avait sous-affermé la ferme des briques pour une somme annuelle de 1,200,000 piastres.
Le gouvernement s'est fait payer cette somme par ce dernier, quoiqu'elle soit comprise dans le
fermage secret de Bizerte. On citera encore Saïd-Benaïad, qui a été maltraité, emprisonné, jusqu'à
ce qu'il eût aussi remboursé une égale somme de 1,200,000 piastres qu'il devait à son beau-frère
Mahmoud. Enfin, l'agent du général Benaïad à Djerbi a été bâtonné et incarcéré jusqu'à ce qu'il
ait consenti à livrer les titres de son maître sur divers de ses créanciers.

Les sommes ainsi payées l'ont été sur les reçus du Bey; mais ces reçus sont entre les mains des
débiteurs dont ils sont la sûreté. Il est donc impossible au général Benaïad de les produire.

On sait déjà que tout ce qui appartenait au général Benaïad a été séquestré sans exception : ses
créances dans la régence ont subi le sort commun. Quatre ans se sont écoulés; plusieurs des débiteurs sont morts, d'autres sont devenus insolvables, le surplus se refuse à s'acquitter, parce qu'il
sait qu'il serait châtié s'il payait, et qu'il sera au contraire aidé et soutenu par le gouvernement s'il
ne paye pas.

Dans cette situation, le général Benaïad a déjà fait observer que le gouvernement devait subir
la conséquence et la responsabilité de ses actes. Il a illégitimement et violemment empêché ou
opéré lui-même le recouvrement des sommes dues au général Benaïad; il est de toute justice
qu'aujourd'hui il prenne à son compte les créances compromises par sa faute et ses illégalités,
qu'il en doive opérer le recouvrement à ses risques, et qu'il soit condamné, quoi qu'il arrive, à les
payer au général Benaïad sur l'état justificatif que ce dernier en a fourni.

Le général Khereddin a refusé de prendre communication de ces pièces. Il savait bien qu'il ne
pourrait pas nier ce fait de notoriété publique, que le gouvernement s'est fait verser par force les

dettes de Tapia, de Saïd Benaïad, celles existantes à Djerbi et plusieurs autres. Il savait aussi qu'il ne pourrait pas nier le fait du séquestre frappé sur ces créances, et il a pensé peut-être échapper à la justice du Comité, ou du moins l'embarrasser, en refusant de prendre communication des pièces.

N° XIV. — 10 AUTRES MILLIONS POUR PROPRIÉTÉS IMMOBILIÈRES QUI AURAIENT ÉTÉ PILLÉES, DÉGRADÉES, CONFISQUÉES ; POUR MARCHANDISES SAISIES ET CONTRATS ROMPUS VIOLEMMENT.

« Demander des titres et des preuves de ces dommages. »

Le général Benaïad a déjà fourni dans ses *Réponses aux questions* la preuve du séquestre qui a pesé sur ses propriétés immobilières ; il a cité les lettres d'Hamida, il en a fourni les originaux. Que ces propriétés aient énormement souffert des désordres produits par cet état de choses, c'est ce qui ressort du fait lui-même. Mais on ne s'est point contenté seulement du séquestre. Le gouvernement est allé jusqu'à s'emparer des propriétés du général, et à les distribuer à son gré.

Voici l'état des domaines qu'il s'est ainsi appropriés, et qui a été déjà présenté au Comité :

La propriété de Menzel.	1,000,000 piastres.
La terre de Taïbat-el-Essem	50,000
La terre de Bou-Touffaha.	100,000
Deux entrepôts de douane.	100,000
Propriétés de feu Soliman, fils du général Mahmoud Benaïad.	1,500,000
Le palais de Gamarte avec ses terres.	500,000
Une maison de campagne, située à Kadra.	30,000
La propriété connue sous le nom de Ben-Saleh.	50,000
Total.	3,330,000 piastres.

A part ces spoliations complètes, le surplus des terres du général Benaïad est resté dans le plus affligeant état d'abandon et de désolation. Enfin, pour en finir, le gouvernement de Tunis a tout livré à Hamida Benaïad, qui n'est que son prête-nom, sous le prétexte d'un procès impossible, et qu'on a imposé à Hamida, ainsi qu'il le déclare lui-même à son oncle dans une lettre dont il est essentiel de mettre la traduction sous les yeux du Comité, parce qu'elle est la plus frappante preuve de tous les moyens employés pour dépouiller à tout prix le général Benaïad (1).

« J'ai appris qu'on a informé Votre Seigneurie que j'ai séquestré les papiers lui appartenant, sous » prétexte de réclamer la succession de mon grand-père. Je suis étonné qu'on vous ait dit une » pareille chose, et que vous l'ayez prise en considération, tandis que j'ai fait tant de démarches » pour les affaires de Votre Seigneurie. Ils ont fait tout ce qu'ils ont pu pour obtenir de moi ce qu'ils » veulent sur quelques points ; mais jamais je n'ai voulu trahir Votre Seigneurie ; et, malgré cela, » vous croirez tout ce qu'on dira contre moi. Pendant quatre jours, ils se sont épuisés de fatigue en

---

(1) L'original de cette lettre fait partie des pièces remises au Comité et communiquées au général Khereddin.

» me disant de séquestrer ou de ne pas vous remettre vos papiers ; mais moi je leur ai répondu
» que je ne ferai point une pareille chose, attendu que je crains d'engager ma responsabilité. Je
» leur ai dit que si c'est pour avoir la propriété de mon grand-père, elle est entièrement sous mes
» mains, et que je ne dois rien réclamer là-dessus à mon oncle. Avec tout cela, cependant, vous
» croyez tous les mensonges qu'on vous fait sur mon compte.

» Monseigneur, si vous ne voulez pas de moi et que vous ne m'aimiez pas, dites-moi : Va tra-
» vailler pour ton compte, et mon Dieu qui m'a créé ne m'abandonnera pas, et il me protégera. Si
» c'est pour le conflit existant entre vous et le gouvernement, je jure devant mon Dieu, et il n'y a pas
» d'autre Dieu que lui, que le jour que vous gagnerez votre procès, ce sera pour moi un avantage
» aussi grand que l'univers, et le jour où j'entendrai dire que vous allez gagner sera pour moi un
» jour de grande fête.

» Les trois jours qui viennent de s'écouler je les ai passés au milieu des vives instances qu'ils
» me font pour que je leur livre les teskerés de délégations, et que je vous dise que je les leur ai
» rendus. Je leur ai répondu que cela m'est impossible et que, s'ils le voulaient, je dirais qu'ils sont
» entre mes mains, et qu'ils les ont saisis ou séquestrés, parce que mon oncle a de moi un reçu de
» ces titres et même une copie.

» Je continue à avoir soin de retirer des mains de chacun les teskerés de Votre Seigneurie pour
» vous les remettre ; et cependant vous avez de moi une mauvaise opinion. Si cela vient de per-
» sonnes qui me détestent et qui me calomnient, vous les connaissez et vous connaissez aussi leur
» malveillance et leur méchanceté et leurs mensonges à mon égard.

» Quant à ce qui regarde l'affaire des matrices de la monnaie, n'ont-ils pas dit que c'est moi qui
» les ai données? Là-dessus je leur ai donné un démenti formel en présence de M. Mercier, et j'ai
» présenté des témoins oculaires qui ont attesté que je ne me suis mêlé en rien de cette affaire, et
» qu'au contraire je les ai avertis trois jours d'avance qu'on me réclamait lesdites matrices, et que
» j'ai répondu qu'elles n'étaient pas entre mes mains, et que j'ignorais où elles étaient. J'ai fait
» part de tout cela à Sid-el-Hadj pour qu'il sût que répondre à ce sujet. Quant à moi, je suis fatigué
» d'aller chez M. Mercier pour y éprouver des mortifications. Je ne connais désormais personne
» que Votre Seigneurie. Si vous apprenez quelque chose de mauvais sur mon compte, faites-le-moi
» savoir. Je passe condamnation sur tout ce qui sera prouvé contre moi. Mais si vous appreniez
» quelque chose sans m'en avertir, j'aurais le droit de me plaindre de vous devant Dieu. Voilà ma
» manière de penser ; je vous la fais connaître.

» Si Dieu le permet, je vous enverrai une liste de tous les titres restant chez divers, afin que vous
» en ayez connaissance. Lorsque vous m'avez écrit au sujet des papiers, vous ne m'avez pas recom-
» mandé de vous les envoyer en secret ; vous m'avez dit que le kasnadar ne pouvait pas les séques-
» trer, et il m'a fallu lui faire part de cela. Quant aux titres que le kasnadar ne connaît pas, je les
» ai remis à M. Mercier, qui vous les a déjà fait parvenir. Celui qui aime à séquestrer ne vous
» envoie rien secrètement.

Avant de terminer, le général Benaïad doit présenter une observation essentielle. Dans la question à laquelle il répond en ce moment, on a mêlé les dix millions relatifs à la représentation de
ses propriétés avec les indemnités réclamées pour diverses marchandises saisies, et pour la rupture
des contrats. Il ne doute pas que le Comité ne se rappelle comme lui que ces deux réclamations
sont distinctes l'une de l'autre. Ces indemnités se divisent en deux catégories différentes : les dommages dus pour la violation des contrats, les sommes représentatives des valeurs enfermées dans
certains magasins, et que le gouvernement s'est attribuées.

Quant aux indemnités dues pour la violation des contrats, le général Benaïad n'a rien à ajouter à ce qu'il en dit dans ses *Réponses aux questions*, pages 63 et suivantes. Mais il a parlé aussi des marchandises et effets mobiliers qui lui avaient été pris dans la fabrique de drap de Toubourba et qu'il a évaluées à 1,400,000 piastres. Il a réclamé également les divers approvisionnements réunis pour l'exploitation de la ferme du sel, et dont on s'est emparé.

Pour les marchandises de Toubourba, il a produit dans sa neuvième communication trois déclarations des notaires du Bey constatant qu'on a pris tout ce qui se trouvait dans cet établissement, et les inventaires qui détaillent les objets.

Pour les approvisionnements de sel, le général Benaïad produit dans le même dossier une lettre du général Farhant, déclarant qu'il a pris tous les sels.

Enfin, le général Benaïad a porté dans son compte de blé et d'orge à régler, les provisions de grains et de farine laissées par lui dans la Rabta et l'Alfa; il produit une lettre du kasnadar constatant la prise de possession de ces approvisionnements.

Sa lettre d'Hamida citée dans les *Réponses aux questions*, fournit une nouvelle preuve à cet égard.

Le général Benaïad tient beaucoup à exprimer encore les conclusions formelles qu'il prend devant le Comité en faveur de la validité et de l'exécution du contrat qui lui concède la construction d'un chemin de fer de Baja à Tunis, et de Tunis à Sousse. Ces deux chemins ont une grande importance pour la Régence; ils méritent aussi un vif intérêt au point de vue de l'Algérie et de l'Europe. Celui de Baja passe à côté de la frontière qui sépare la Tunisie de la province de Bône. En outre il fait aboutir à la mer la province la plus riche en blé de cette vieille terre de la Libye, autrefois le grenier de Rome. Ces blés, dans la situation actuelle, restent sur les lieux, faute de moyens de transport, et si une communication facile était donnée à cette contrée, la production en blé de la province de Baja serait promptement décuplée. Ce n'est point là, ce semble, un fait indifférent, lorsque par suite des révolutions économiques et des modifications subies par l'agriculture européenne le blé est devenu plus rare et plus cher sur nos marchés, et que le moindre déficit dans les récoltes jette tant de perturbation dans la tranquillité des peuples et des gouvernements.

Or, avec le chemin de Baja, Marseille posséderait vis-à-vis d'elle un marché capable d'alimenter la France dans les moments difficiles; car on ne se peut faire une idée de la fécondité de cette terre et de la facilité de sa culture. De plus, ce chemin, qui ouvrirait à la Régence une source de prospérités, fournirait d'admirables moyens d'exploitation aux immenses richesses métallurgiques enfouies et inexploitées autour de lui.

La concession du général Benaïad embrasse à la fois et la construction des chemins et l'exploitation des mines : il a déjà fait des frais considérables pour ces deux études. L'entreprise est donc également grande et utile et pour l'Europe et pour la Régence, et pour tous ceux qui y participeront. Par tous ces motifs, le général Benaïad attache une véritable importance à ce que ces contrats, qui sont de simples opérations industrielles, indépendantes de la politique et du gouvernement, restent intacts et passibles de leur exécution.

Le général MAHMOUD BENAIAD.